AF490766

CONTRATOS ADMINISTRATIVOS: Um debate teórico

Luiz Eduardo Pinheiro Nistal (Org)
Bruno Hage Uchôa
Carlos Alberto Muniz Pantoja
Rosa Cristina Ferreira Bezerra
Daniel de Sá Barbosa
Clícia Rodrigues Simas Cruz
Kátia Nonato de Melo
Gerasid Matos Castelo Branco

NoMundo

LUIZ EDUARDO PINHEIRO NISTAL (ORG.)

CONTRATOS ADMINISTRATIVOS: Um debate teórico

NoMundo
2a. Edição
2020

Aos agentes públicos, principalmente aqueles que atuam na área de compras e contratos, e aos futuros ingressos na Administração Pública.

APRESENTAÇÃO

Luiz Nistal

De acordo com o art. 37 da Constituição Federal de 1988, a administração pública direta ou indireta de qualquer dos poderes de todas as esferas, e consequentemente os agentes público, devem obedecer a cinco princípios: legalidade, impessoalidade, moralidade, publicidade e eficiência.

Ainda, essa mesma administração, para realizar as atividades meios (segurança, limpeza, copeiragem, transporte, abastecimento de água e energia, serviços de telefonia e internet) ou ainda para realização de projetos (construção de estradas, viadutos, hospitais, fabricação de software, dentre outros) contrata terceiros, devendo seguir sempre os cinco princípios estabelecidos no art. 37 da Constituição Federal de 1988.

Nesse sentido, o agente administrativo deve observar os preceitos legais, principalmente a Lei 8.666, de 21 de junho de 1993, Instrução Normativa nº 05, de 26 de maio de 2017, Decreto Federal nº 5.450 , de 31 de maio de 2005, Lei nº 10.520, de 17 de julho de 2002, e o Decreto nº 2.439, de 1997, que regem a realização dos contratos administrativos, desde a sua concepção, formalização, fiscalização e reajustamento.

Desta forma, este livro, é uma coletânea de artigos que debate as várias fases do contrato de forma teórica, organizado em dois capítulos: Capítulo I - Conceitos e Formalização dos Contratos Administrativos e Capítulo II - Fiscalização e Reajustamento. No primeiro capítulo estão dispostos cinco artigos:

a) **Revisão De Conceitos E Características Dos Contratos Administrativos**, no qual procedeu uma revisão bibliográfica acerca dos conceitos dos contratos administrativos, em que figuram como partes os órgãos e entidades da Administração Pública, bem como das suas principais características, previstas na Lei de Licitações (8.666/1993), em virtude de serem regidos, principalmente, pelo Direito Público, e, dessa forma, bem como respeito das formas de aquisição de bens e serviços na administração pública que não utilizam contrato. São diferenciados os contratos administrativos dos contratos gerais da administração, regidos, predominantemente, pelo Direito Civil ou Empresarial. Além disso, foram revistas as principais espécies de contratos administrativos, bem como as cláusulas essenciais e as exorbitantes previstas;

b) **O Contrato Administrativo Sob Os Preceitos Constitucionais**, que visa uma breve análise do Contrato Administrativo, sob a ótica do Texto Constitucional, notadamente ao depararmos com as arguições de preceitos fundamentais, suas normas regulamentadoras, e aplicabilidade das mesmas no cotidiano do gestor público;

c) **Formalização Dos Contratos Administrativos**, o objetivo desse artigo é mostrar de forma mais ampla a formalização dos contratos administrativos através de conceitos e demonstrações claras dos dispositivos legais aos quais essa formalização está atrelada e as informações essenciais que devem constar no documento de contratação pública, a fim de que a consecução da supremacia do interesse público seja atingida, baseado nas normas legais previstas na Lei de Licitações (8.666/1993) , na Instrução Normativa nº 5, de 26 de maio de 2017 e demais normas correlatas;

d) **Intenção De Recurso Administrativo No Pregão Eletrônico Federal, Sob O Prisma Do Decreto Nº 5.450/2005**, Com o advento do Decreto Federal nº 5.450, de 31 de maio de 2005, que regulamenta o pregão, na forma eletrônica, para aquisição de bens e serviços, a licitação ganhou mais praticidade. Nesse cenário criou-se a intenção de recurso, ferramenta inovadora que trouxe mais dinamicidade às licitações públicas - entendidas estas aquelas estritamente albergadas pela Lei nº 10.520, de 17 de julho de 2002, que trata da modalidade pregão na forma presencial – lei essa regulamentada pelo supra decreto. Assim, o artigo teve como finalidade apresentar a condição sine qua non que o instituto intenção de recurso possui para que se aprecie o mérito do recurso propriamente dito, em sede de pregão eletrônico no âmbito federal;

e) **Outras Formas De Comprar E Contratar Na Administração Pública Que Não Utiliza Contrato**, este artigo compreende fazer um estudo bibliográfico a respeito das formas de aquisição de bens e serviços na administração pública que não utilizam contrato. A Administração Pública com objetivo de dar maior transparência aos processos licitatórios, buscando a racionalização dos seus procedimentos bem como a redução de custos, em função do aumento da competitividade, criou formas diferentes da Lei nº 8.666, de 1993 para aquisição de bens e serviços que não exige contrato em sua formalização, os quais possibilitam economia processual e maior agilidade nessas aquisições. As formas de aquisição de bens e serviços que não utilizam contrato, serão abordadas nesse estudo, de forma detalhada, apontando o embasamento legal e suas peculiaridades.

No Capítulo II, finalizando o livro, foram tratados assuntos correspondentes a fase de execução do contrato administrativo, como a fiscalização e os reajustamento, dispostos em três artigos:

f) **Fiscalização Dos Contratos Públicos Federais**, o artigo discorre acerca das nomeação, atribuições e responsabilidades do fiscal dos contratos da Administração pública federal, as normas que envolvem a sua nomeação, o seu papel na execução do objeto contratado, a sua relevância para a fase de liquidação da despesa, sua importância na aplicação de penalidades ao contratado, e a sua responsabilização em decorrência de falhas na fiscalização, referentes a execução dos serviços contratados e o não cumprimento das obrigações fiscais, trabalhistas e previdenciária, conforme estabelece a recente Instrução Normativa nº 5 de 25 de maio de 2017/MPOG;

g) **Da Revisão, Repactuação E Reajuste Dos Preços Do Contrato**, o Reequilíbrio Econômico-Financeiro do contrato público, com suas espécie: revisão, reajuste e repactuação, são garantias constitucionais, no inciso XXI do art. 37 da Constituição Federal, visando garantir as condições efetivas da proposta. A Instrução Normativa SEGES/MP nº5/2017, consolidou o entendimento sobre, revisão, reajuste e repactuação. O presente artigo buscou demonstrar os conceitos de revisão, reajuste e repactuação e diferenciando os · institutos jurídicos, os mecanismos, características, deveres, causas, prazos, fundamentos legais distintos, e a sua correta aplicação;

h) **As Atividades De Repactuação, Reajuste E Reequilíbrio Econômico-financeiro Dos Contratos Administrativos, O Impacto No Orçamento Público Das Entidades Públicas E A Lei De Responsabilidade Fiscal**, o objetivo do trabalho é discutir a relação entre as atividades de repactuação, reajuste e reequilíbrio econômico-financeiro dos contratos administrativos, o orçamento público e a Lei de Responsabilidade Fiscal, por meio de uma pesquisa bibliográfica.

SUMÁRIO

CAPÍTULO I - CONCEITOS E FORMALIZAÇÃO DOS CONTRATOS ADMINISTRATIVOS

REVISÃO DE CONCEITOS E CARACTERÍSTICAS DOS CONTRATOS ADMINISTRATIVOS

Bruno Hage Uchôa

1. Introdução

A Administração Pública, muito embora na grande maioria das vezes faz uso de atos unilaterais para exercer as atividades de sua competência, também realiza acordos com entidades privadas com o objetivo de atender aos anseios da população, bem como para auxiliar no pleno exercício do órgão contratante, como a contratação de empresas prestadoras de serviços de limpeza, vigilância e manutenção da sede da instituição pública. Esses contratos celebrados pela Administração Pública encontra previsão no art. 37, inciso XXI, da Constituição Federal de 1988:

> XXI – ressalvados os casos especificados na legislação, as obras, serviços, compras e alienações serão contratados mediante processo de licitação pública que assegure igualdade de condições a todos os concorrentes, com cláusulas que estabeleçam obrigações de pagamento, mantidas as condições efetivas da proposta, nos termos da lei, o qual somente permitirá as exigências de qualificação técnica e econômica indispensáveis à garantia do cumprimento das obrigações.

Utilizando desse caminho de terceirização das atividades não essenciais do Estado, a Administração Pública passou, também, a descentralizar algumas atividades. Surgiram, então, os contratos de concessão ou permissão de serviços públicos, contratos de gestão e termos de parceria, fazendo com que entes dotados de personalidades privadas assumissem papéis de extrema importância nas atividades estatais.

Importante destacar que é de competência privativa da União legislar sobre as normas gerais de licitações e contratos administrativos, senão vejamos:

> Art. 22. Compete privativamente à União legislar sobre:
> XXVII – normas gerais de licitação e contratação, em todas as modalidades, para as administrações públicas diretas, autárquicas e fundacionais da União, Estados, Distrito Federal e Municípios, obedecido o disposto no art. 37, XXI, e para as empresas públicas e sociedades de economia mista, nos termos do art. 173, § 1º, III; (Redação dada pela Emenda Constitucional nº 19, de 1998)

Observa-se do dispositivo que a intenção do constituinte era conduzir a União a elaborar duas leis federais, ambas tratando de normas gerais sobre licitações e contratações públicas. A primeira delas, a Lei nº 8.666/1993, seria aplicável às administrações públicas diretas autárquicas e fundacionais da União, estados, Distrito Federal e Municípios e a outra e bem menos rígida, a Lei nº 13.303/2016, relativa a empresas públicas e sociedades de economia mista.

No entanto, não são todos os serviços que a Administração poderá terceirizar e obter essa prestação por empresa privada especializada, conforme assevera o art. 9º, da Instrução Normativa nº 5, de 26 de maio de 2017:

> Art. 9º Não serão objeto de execução indireta na Administração Pública federal direta, autárquica e fundacional:
> I - atividades que envolvam a tomada de decisão ou posicionamento institucional nas áreas de planejamento, coordenação, supervisão e controle;
> II - as atividades consideradas estratégicas para o órgão ou entidade, cuja terceirização possa colocar em risco o controle de processos e de conhecimentos e tecnologias;

III - as funções relacionadas ao poder de polícia, de regulação, de outorga de serviços públicos e de aplicação de sanção; e

IV - as atividades inerentes às categorias funcionais abrangidas pelo plano de cargos do órgão ou entidade, salvo expressa disposição legal em contrário ou quando se tratar de cargo extinto, total ou parcialmente, no âmbito do quadro geral de pessoal.

Parágrafo único. As atividades auxiliares, instrumentais ou acessórias às funções e atividades definidas nos incisos do caput podem ser executadas de forma indireta, sendo vedada a transferência de responsabilidade para realização de atos administrativos ou a tomada de decisão para o contratado.

Dessa forma, atividades consideradas como estratégicas para a instituição, atividades de planejamento, coordenação, supervisão e controle que envolvam a tomada de decisão institucional, além das funções relacionadas ao poder de polícia, de regulação, de outorga de serviços públicos e de aplicação de sanções e atividades inerentes às categorias funcionais abrangidas pelo plano de cargos do órgão, são proibidas de serem executadas indiretamente por empresas contratadas.

O presente estudo se constituiu de uma revisão das principais literaturas especializadas em Direito Administrativo, bem como teve fundamento na Lei nº 8.666, de 21 de junho de 1993, no Decreto nº 5.450, de 31 de maio de 2005, Instrução Normativa nº 5, de 26 de maio de 2017, e outras normas correlatas, que regulamentam as licitações e contratações da administração pública brasileira.

2. Contratos da Administração

Quando a Administração Pública celebra acordos regidos pelo Direito Civil ou Empresarial, fala-se em contratos privados da Administração ou, simplesmente, contratos da Administração. O exemplo mais comum desse tipo de contrato é o de locação, em que o órgão é o locatário de imóvel.

Costuma-se dizer que, nos contratos de direito privado, a Administração se nivela ao particular, numa relação caracterizada pela horizontalidade. No entanto, apesar de haver nesses contratos uma maior igualdade entre as partes, tendo em vista a predominância das regras do Direito Civil, ainda assim ocorrerá a aplicação de algumas disposições do direito público, levando a supremacia da Administração Pública em relação ao particular, como a previsão de cláusulas exorbitantes nos termos de contratos celebrados.

São considerados contratos de direito privado da Administração os acordos de compra e venda, locação, seguro, financiamento e doação, bem como os contratos em que a Administração for parte como usuária de serviço público, como, por exemplo, contrato de fornecimento de energia elétrica e água para as instituições públicas.

3. Contratos Administrativos

Diferentemente dos contratos privados da Administração, aqui os acordos são regidos por normas e regras de Direito Público, se aplicando de forma subsidiária as disposições de direito privado e a teoria geral dos contratos, conforme dispõe o art. 54, da Lei nº 8.666/1993:

> Art. 54. Os contratos administrativos de que trata esta Lei regulam-se pelas suas cláusulas e pelos preceitos de direito público, aplicando-se-lhes, supletivamente, os princípios da teoria geral dos contratos e as disposições de direito privado.

Assim, essa maneira de formalização de acordos abrange tão somente os contratos submetidos ao regime de direito público e visa à consecução da supremacia do interesse público. Nesses contratos serão cometidas à Administração Pública algumas **prerrogativas legais**, que a façam figurar em uma posição de supremacia em relação ao particular.

Sobre essa conceituação dos contratos administrativos, assim entende Hely Lopes Meirelles:

> "... é o ajuste que a Administração Pública, agindo nessa qualidade, firma com particulares ou outra entidade administrativa para a **consecução de objetivos de interesse público, nas condições estabelecidas pela própria Administração.**" (grifo nosso)

Dessa forma, depreende-se que os contratos administrativos celebrados são estabelecidos conforme os interesses e condições da Administração Pública, como fito de atender aos anseios da coletividade.

3.1. Espécies de Contratos Administrativos

São espécies de contratos administrativos os contratos de obras, de serviços, de fornecimentos e de concessões. Especificamente nas contratações de obras, onde se incluem serviços de construção, reforma, recuperação e ampliação, as execuções podem ser diferenciadas em quatro formas de regimes:

☒ Empreitada por preço global: o preço ajustado leva em consideração a obra como um todo;

☒ Empreitada por preço unitário: o preço leva em consideração as etapas da obra que vai ser executada, havendo um preço para cada etapa;

☒ Empreitada integral: nesse caso, são contratados ao mesmo tempo obras e serviços.

☒ Isso ocorre pelo fato de o objeto do contrato ser muito complexo. A Administração contrata todo o empreendimento, com as obras, serviços e instalações;

☒ Tarefa: nesse caso, o que se contrata são pequenos trabalhos, por preço certo.

3.2. Cláusulas Essenciais em todos os Contratos Administrativos

Além da necessidade de possuir clareza e precisão no seu conteúdo para que haja o devido controle do órgão contratante, os contratos administrativos necessitam estabelecer cláusulas que definam as diretrizes da execução e prazos de início, conclusão e de recebimento definitivo, das obrigações e responsabilidades das partes, o preço e condições de pagamento, entre outros, conforme estabelece o art. 55, da Lei 8.666/1993:

> Art. 55. São cláusulas necessárias em todo contrato as que estabeleçam:
> I – o objeto e seus elementos característicos;
> II – o regime de execução ou a forma de fornecimento;
> III – o preço e as condições de pagamento, os critérios, data-base e periodicidade do reajustamento de preços, os critérios de atualização monetária entre a data do adimplemento das obrigações e a do efetivo pagamento;
> IV – os prazos de início de etapas de execução, de conclusão, de entrega, de observação e de recebimento definitivo, conforme o caso;
> V – o crédito pelo qual correrá a despesa, com a indicação da classificação funcional programática e da categoria econômica;
> VI – as garantias oferecidas para assegurar sua plena execução, quando exigidas;
> VII – os direitos e as responsabilidades das partes, as penalidades cabíveis e os valores das multas;
> VIII – os casos de rescisão;

IX – o reconhecimento dos direitos da Administração, em caso de rescisão administrativa prevista no art. 77 desta Lei;
X – as condições de importação, a data e a taxa de câmbio para conversão, quando for o caso;
XI – a vinculação ao edital de licitação ou ao termo que a dispensou ou a inexigiu, ao convite e à proposta do licitante vencedor;
XII – a legislação aplicável à execução do contrato e especialmente aos casos omissos;
XIII – a obrigação do contratado de manter, durante toda a execução do contrato, em compatibilidade com as obrigações por ele assumidas, todas as condições de habilitação e qualificação exigidas na licitação.
§ 1º (VETADO)
§ 2º Nos contratos celebrados pela Administração Pública com pessoas físicas ou jurídicas, inclusive aquelas domiciliadas no estrangeiro, deverá constar necessariamente cláusula que declare competente o foro da sede da Administração para dirimir qualquer questão contratual, salvo o disposto no § 6º do art. 32 desta Lei.

3.3. Cláusulas Exorbitantes

Considerando que nas formalizações e celebrações dos contratos administrativos a Administração Pública sempre deve tentar alcançar o interesse público, há a necessidade de estabelecer, nesses instrumentos, prerrogativas que promovam à elevação da Administração (contratante) em patamar superior em relação ao particular (contratada). A essas prerrogativas se dá o nome de **cláusulas exorbitantes**.

Assim, uma vez firmado o acordo entre as partes, serão conferidos, ao órgão contratante, diversos direitos que lhe permite promover atos de fiscalização da execução do objeto do contrato, e, até mesmo, promover alterações unilaterais, desde que sejam respeitados os direitos do contratado e que atendam aos princípios constitucionais da legalidade, impessoalidade, moralidade, publicidade, eficiência e supremacia do interesse público. Sobre as cláusulas exorbitantes, assim assevera o art. 58, da Lei de Licitações:

> **Art. 58.** O regime jurídico dos contratos administrativos instituído por esta Lei confere à Administração, em relação a eles, a prerrogativa de:
> I – **modificá-los, unilateralmente**, para melhor adequação às finalidades de interesse público, respeitados os direitos do contratado;
> II – **rescindi-los, unilateralmente**, nos casos especificados no inciso I do art. 79 desta Lei;
> III – **fiscalizar-lhes** a execução;
> IV – **aplicar sanções** motivadas pela inexecução total ou parcial do ajuste;
> V – nos casos de serviços essenciais, **ocupar provisoriamente bens móveis, imóveis, pessoal e serviços** vinculados ao objeto do contrato, na hipótese da necessidade de acautelar apuração administrativa de faltas contratuais pelo contratado, bem como na hipótese de rescisão do contrato administrativo. (grifo nosso).

Como se observa, as cláusulas exorbitantes são as principais diferenças entre os contratos administrativos, firmados pelas instituições públicas e regidos pelo direito público, dos contratos em geral, regidos pelo direito privado. Essas cláusulas são as prerrogativas, conferidas à Administração Pública contratante, que a coloca em posição de supremacia em relação à empresa prestadora dos serviços contratados.

Todavia é importante destacar que essas prerrogativas não podem ser utilizadas de qualquer maneira, devendo-se respeitar os limites impostos pelo legislador, os direitos do contratado, a manutenção da essencialidade do objeto pactuado e, sobretudo, o interesse público. Exemplo claro disso é a da possibilidade de alteração unilateral do contrato, onde a Administração poderá, desde que respeitados os limites elencados e o interesse público, alinhados também aos princípios da oportunidade e conveniência, promover alterações qualitativas e quantitativas do contrato, conforme versa o art. 65, da Lei de Licitações:

Art.65.Os contratos regidos por esta Lei poderão ser alterados, com as devidas justificativas, nos seguintes casos:

I - unilateralmente pela Administração:

a) quando houver modificação do projeto ou das especificações, para melhor adequação técnica aos seus objetivos;

b) quando necessária a modificação do valor contratual em decorrência de acréscimo ou diminuição quantitativa de seu objeto, nos limites permitidos por esta Lei;

II - por acordo das partes:

a) quando conveniente a substituição da garantia de execução;

b) quando necessária a modificação do regime de execução da obra ou serviço, bem como do modo de fornecimento, em face de verificação técnica da inaplicabilidade dos termos contratuais originários;

c) quando necessária a modificação da forma de pagamento, por imposição de circunstâncias supervenientes, mantido o valor inicial atualizado, vedada a antecipação do pagamento, com relação ao cronograma financeiro fixado, sem a correspondente contraprestação de fornecimento de bens ou execução de obra ou serviço;

d) para restabelecer a relação que as partes pactuaram inicialmente entre os encargos do contratado e a retribuição da administração para a justa remuneração da obra, serviço ou fornecimento, objetivando a manutenção do equilíbrio econômico-financeiro inicial do contrato, na hipótese de sobrevirem fatos imprevisíveis, ou previsíveis porém de conseqüências incalculáveis, retardadores ou impeditivos da execução do ajustado, ou, ainda, em caso de força maior, caso fortuito ou fato do príncipe, configurando álea econômica extraordinária e extracontratual.(Redação dada pela Lei nº 8.883, de 1994)

§1º O contratado fica obrigado a aceitar, nas mesmas condições contratuais, os acréscimos ou supressões que se fizerem nas obras, serviços ou compras, até 25% (vinte e cinco por cento) do valor inicial atualizado do contrato, e, no caso particular de reforma de edifício ou de equipamento, até o limite de 50% (cinqüenta por cento) para os seus acréscimos.

§ 2º Nenhum acréscimo ou supressão poderá exceder os limites estabelecidos no parágrafo anterior, salvo: (Redação dada pela Lei nº 9.648, de 1998)

I – (VETADO)

II - as supressões resultantes de acordo celebrado entre os contratantes. (Incluído pela Lei nº 9.648, de 1998)

§ 3º Se no contrato não houverem sido contemplados preços unitários para obras ou serviços, esses serão fixados mediante acordo entre as partes, respeitados os limites estabelecidos no § 1º deste artigo.

§ 4º No caso de supressão de obras, bens ou serviços, se o contratado já houver adquirido os materiais e posto no local dos trabalhos, estes deverão ser pagos pela Administração pelos custos de aquisição regularmente comprovados e monetariamente corrigidos, podendo caber indenização por outros danos eventualmente decorrentes da supressão, desde que regularmente comprovados.

§ 5º Quaisquer tributos ou encargos legais criados, alterados ou extintos, bem como a superveniência de disposições legais, quando ocorridas após a data da apresentação da proposta, de comprovada repercussão nos preços contratados, implicarão a revisão destes para mais ou para menos, conforme o caso.

§ 6º Em havendo alteração unilateral do contrato que aumente os encargos do contratado, a Administração deverá restabelecer, por aditamento, o equilíbrio econômico-financeiro inicial.

§ 7º (VETADO)

§8º A variação do valor contratual para fazer face ao reajuste de preços previsto no próprio contrato, as atualizações, compensações ou penalizações financeiras decorrentes das condições de pagamento nele previstas, bem como o empenho de dotações orçamentárias suplementares até o limite do seu valor corrigido, não caracterizam alteração do mesmo, podendo ser registrados por simples apostila, dispensando a celebração de aditamento.

Resta claro, portanto, que a instituição contratante poderá alterar unilateralmente os contratos, que poderá acontecer para melhor adequar tecnicamente aos objetivos pretendidos e quando houver modificação do valor contratual em decorrência de acréscimo ou diminuição quantitativa de seu objeto. Além disso, percebe-se no § 1º do dispositivo que a contratada deverá aceitar, nas mesmas condições, os acréscimos ou supressões que se fizerem nas obras, compras ou serviços, respeitando-se os percentuais máximos estipulados.

No entanto, conforme prevê o § 4º, caso a empresa contratada já houver adquirido os materiais ou contratado o pessoal para a prestação dos serviços, terá direito à indenização de custos de desmobilização e por prejuízos ou danos causados pela supressão realizada.

Outro exemplo de cláusula exorbitante, previsto no artigo 58, que merece destaque, é a possibilidade de aplicação de sanções administrativas à empresa prestadora dos serviços. Conforme estabelece o artigo 87, da Lei 8.666/1993, o órgão contratante poderá lançar mão de penalidades, que vão de uma simples advertência à declaração de inidoneidade para licitar ou contratar com toda a Administração Pública, respeitando-se, evidentemente, o contraditório e ampla defesa, conforme observamos:

Art. 87. Pela inexecução total ou parcial do contrato a Administração poderá, garantida a prévia defesa, aplicar ao contratado as seguintes sanções:

I – advertência;

II – multa, na forma prevista no instrumento convocatório ou no contrato;

III – suspensão temporária de participação em licitação e impedimento de contratar com a Administração, por prazo não superior a 2 (dois) anos;

IV – declaração de inidoneidade para licitar ou contratar com a Administração Pública enquanto perdurarem os motivos determinantes da punição ou até que seja promovida a reabilitação perante a própria autoridade que aplicou a penalidade, que será concedida sempre que o contratado ressarcir a Administração pelos prejuízos resultantes e após decorrido o prazo da sanção aplicada com base no inciso anterior.

3.4. Formalização dos Contratos

Todos os contratos celebrados devem ser lavrados pelos órgãos contratantes, que devem manter atualizados os arquivos com registros e autógrafos. A única exceção são os contratos relativos a direitos reais sobre imóveis, que têm suas formalizações por um instrumento lavrado em cartório de notas, como a propriedade, a superfície, o penhor, a hipoteca, a anticrese, a concessão de uso especial para fins de moradia, e concessão do direito real de uso.

Também como requisito e condição indispensável à eficácia do contrato, o resumo do instrumento contratual, qualquer que seja seu valor (inclusive os contratos sem ônus), deve ser publicado na imprensa oficial. Dessa forma, a publicação na imprensa funciona como condição suspensiva da eficácia do contrato, ou seja, enquanto não publicado, o acordo não produz seus efeitos. O artigo 61, da Norma, ainda determina que a publicação deve ocorrer no prazo de 20 dias, contados a partir do quinto dia útil do mês subsequente ao da assinatura.

Ademais, nos contratos decorrentes de inexigibilidade ou dispensa de licitação, o dispositivo 26 assevera que a eficácia depende, também, da publicação da ratificação pela autoridade superior desses atos de inexigibilidade e dispensa.

Além disso, cabe destacar que, em regra, o contrato verbal é nulo e de nenhum efeito, conforme assevera o artigo 60, parágrafo único, da Lei de Licitações. No entanto, também cabe uma exceção: as pequenas compras, de pronto pagamento. São consideradas pequenas compras aquelas de valor não superior a 5% (cinco por cento) do limite estabelecido no art. 23, inciso II, alínea "a" da Lei 8.666/1993.

4. Conclusão

O presente estudo vislumbrou revisar as normas brasileiras vigentes de contratação e algumas obras de renomados estudiosos de direito administrativo, visando elencar as principais características dos contratos administrativos, nos quais os órgãos integrantes de toda a Administração Pública direta e indireta figuram como contratantes, em prol do interesse público.

Foram abordadas as principais diferenças entre esses contratos administrativos e os contratos privados da Administração ou, simplesmente, contratos da Administração, estes regidos principalmente pelo Direito Civil ou Empresarial. Sobre essas diferenças destaca-se a previsão de cláusulas exorbitantes nos contratos administrativos, que deixam a Administração em um patamar superior em relação ao contratado, conferindo algumas prerrogativas de possibilidades, como: modificação e rescisão unilateral do contrato, em determinados casos e estando respeitados os direitos do contratado; fiscalização de sua fiel execução; e aplicação de sanções às empresas contratadas, em casos de inexecução total ou parcial do objeto.

Dessa forma, conclui-se que os contratos administrativos, celebrados pela Administração Pública Brasileira, possuem diversas regras e detalhes que exigem conhecimentos aprofundados das diretorias/gerências/coordenações que trabalham em torno das licitações e contratações dos órgãos, levando, necessariamente, às subdivisões dessas unidades, tendo em vista o enorme rol de responsabilidades, tanto na fase de formalização desses acordos, como na fase de acompanhamento e fiscalização, além da obrigatoriedade de constante capacitação e processo de reciclagem dos servidores envolvidos nessas funções.

5. Referências Bibliográficas

ALEXANDRINO, Marcelo. Direito administrativo descomplicado. 21ª Edição. São Paulo: Método, 2013.

MEIRELLES, E.L. Direito administrativo brasileiro. 36ª Edição. São Paulo: Malheiros, 2010.

DI PIETRO, Maria Sylvia Zanella. Direito Administrativo. 13ª edição. São Paulo: Ed. Atlas, 2001.

BANDEIRA DE MELLO, Celso Antonio. Curso De Direito Administrativo Brasileiro. 26ª Edição. São Paulo: Malheiros, 2008.

FREIRE, Elias Sampaio. Direito administrativo: teoria, jurisprudência e 1000 questões. 7. ed. Rio de Janeiro: Elsevier, 2007.

BRASIL. Lei nº 8.666, de 21 de junho de 1993. Regulamenta o art. 37, inciso XXI, da Constituição Federal, institui normas para licitações e contratos da Administração Pública e dá outras providências.

BRASIL. Lei nº 10.520, de 17 de julho de 2002. Institui, no âmbito da União, Estados, Distrito Federal e Municípios, nos termos do art. 37, inciso XXI, da Constituição Federal, modalidade de licitação denominada pregão, para aquisição de bens e serviços comuns, e dá outras providências.

BRASIL. Decreto nº 1.094, 23 de março de 1994. Regulamenta o Sistema de Serviços Gerais – SISG – dos órgãos civis da Administração Pública Federal direta, das autarquias federais e fundações públicas.

BRASIL. Decreto nº 5.450, de 31 de maio de 2005. Regulamenta o pregão, na forma eletrônica, para aquisição de bens e serviços comuns, e dá outras providências.

BRASIL. Decreto nº 2.439, de 23 de dezembro de 1997. Dispõe sobre procedimentos relativos à execução de pagamento de pequenas compras e dá outras providências.

BRASIL. Portaria nº 306/MPOG, de 13 de dezembro de 2001. Aprova a implantação do Sistema Eletrônico de Preços.

O CONTRATO ADMINISTRATIVO SOB OS PRECEITOS CONSTITUCIONAIS

Carlos Alberto Muniz Pantoja

1. Aspectos Gerais

Os preceitos relativos ao Direito Público – notadamente o de natureza administrativa e constitucional – e outros de Direito Privado, como a "exceção do contrato não cumprido" - e a teoria da imprevisão, com as devidas adaptações, tem sido vertiginosamente aplicada ao regime jurídico dos contratos administrativos. Logo, é forçoso que atentemos para o tema que reflete a ação de arguição de descumprimento de preceito fundamental, e sob este prisma; de como é tratado o contrato administrativo em situações fáticas que devem nortear os ordenamentos que regem os atos do gestor público. O objetivo pretendido ao discorrer-se pelo relevante tema, é justamente por termos ciência que o instrumento licitatório é o instrumento administrativo pelo qual as entidades da Administração Pública, nos casos de obras, serviços, compras, alienações, concessões, permissões e locações, escolhem a proposta mais vantajosa, com uma ampla abrangência. Logo, a expressão "Contrato Administrativo" é utilizada, para nomear apenas os contratos em que a Administração Pública, indireta ou direta, investida nessa qualidade, celebra com pessoas físicas ou jurídicas, públicas ou privadas, com fins públicos, segundo regime jurídico de Direito Público. Interligados umbilicalmente, o Direito Administrativo necessita do devido amparo dos preceitos fundamentais do Direito Constitucional, e o seu melhor produto acabado; a Carta da República vigente; ao perquirirmos o devido processo legal a que deve ser encontrado nos atos do Administrador Público, aí está a cerne basilar dos Contratos Administrativos.

Para o tema articulado, faz-se uma rápida leitura da Jurisprudência pela vertente ilustrativa:

> ADMINISTRATIVO. CONTRATO VERBAL. AUSÊNCIA DE LICITAÇÃO. AÇÃO DE COBRANÇA JULGADA IMPROCEDENTE. BOA-FÉ AFASTADA PELA INSTÂNCIA ORDINÁRIA. APLICAÇÃO DO ART. 60, PARÁGRAFO ÚNICO, DA LEI DE LICITAÇÕES.
> I – Consta do acórdão recorrido inexistir boa-fé na atitude da empresa agravante, de contratar com o serviço público sem licitação e por meio de contrato verbal. Eis o trecho nele transcrito: "(...) não há elementos que autorizem o conhecimento da boa-fé da Autora, uma vez que estava ciente de que as contratações deveriam ser precedidas de licitação, pelo que se dessume da prova testemunhal, ou, pelo menos, de justificativa prévia e escrita de dispensa ou possibilidade de licitação, em face do disposto no art. 26 da Lei de Licitações". (fls. 506). II – Assim sendo, na esteira da jurisprudência desta colenda Corte, ante a única interpretação possível do disposto no artigo 60, parágrafo único, da Lei de Licitações, "é nulo o contrato administrativo verbal" e, ainda que assim não fosse, é nulo "pois vai de encontro às regras e princípios constitucionais, notadamente a legalidade, a moralidade, a impessoalidade, a publicidade, além de macular a finalidade da licitação, deixando de concretizar, em última análise, o interesse público". A propósito, confira-se, dentre outros: REsp 545471/PR, Primeira Turma, DJ de 19.09.2005. III – Outrossim, é de se relevar não ser cognoscível o recurso especial, relativamente à matéria contida no art. 59, parágrafo único, da Lei n. 8666/93, haja vista não ter sido objeto de julgamento pelo acórdão a quo, inexistindo, portanto, o prequestionamento. IV – Agravo regimental improvido. (AgRg no Resp 915697/PR, STJ – Primeira Turma, Rel. Min. Francisco Falcão, Julgamento: 03/05/2007, DJ: 24.05.2007).

Percebe-se, de plano, que é absolutamente esquiva aos preceitos constitucionais da Administração Pública, sobretudo os insertos no artigo 37 da Constituição da República Federativa do Brasil de 1988, a contratação do Poder Público realizada sem que tenha ocorrido, previamente, licitação, quando a situação fática assim a requer. Cuida, além da inexistência de boa-fé por parte da Administração Pública, por ter gerado onerosidade ao arrepio das características peremptórias do contrato administrativo típico, sobretudo quanto à formalidade a ser observada no processo de contratação, verdadeira afronta à legalidade, consoante aqueloutro fundamento constitucional mencionado, bem como desvio de finalidade, considerando-se, para tanto, o interesse público primário, marcado pela indisponibilidade.

ADMINISTRATIVO E PROCESSUAL CIVIL. CONTRATAÇÃO DE SERVIÇOS. LICITAÇÃO. AUSÊNCIA. SERVIÇOS PRESTADOS. PAGAMENTO. NECESSIDADE. DISPOSITIVO LEGAL COM INTERPRETAÇÃO DIVERGENTE. AUSÊNCIA DE INDICAÇÃO. SÚMULA 284/STF. REEXAME DO CONTEXTO FÁTICO DA DEMANDA.

1. A indicação circunstanciada da questão federal objeto da divergência é pressuposto indispensável ao conhecimento do recurso especial interposto com base na alínea c do permissivo constitucional (Súmula 284/STF). 2. O recurso especial não se presta a reexame de matéria fático probatória (Súmula 7/STJ). 3. Afirmada a efetiva prestação de serviços à Administração, é devido o pagamento ao contratado que os prestou de boa-fé, mesmo que indevidamente dispensada a prévia licitação. Conforme estabelece o art. 59, parágrafo único da Lei 8.666/93 "A nulidade não exonera a Administração do dever de indenizar o contratado pelo que este houver executado até a data em que ela for declarada e por outros prejuízos regularmente comprovados, contanto que não lhe seja imputável, promovendo-se a responsabilidade de quem lhe deu causa". Precedentes: AgRg no REsp 303730/AM, 2ª T., Min. Paulo Medina, DJ de 02.12.2002; AgRg no REsp 332956/SP, 1ª T., Min. Francisco Falcão, DJ de 16.12.2002; REsp 545471/PR, 1ª T., Min. Denise Arruda, DJ de 19.09.2005. 4. Recurso especial parcialmente conhecido e, nesta parte, desprovido. (REsp 707.710/MG, STJ – Primeira Turma, Rel. Min. Teori Albino Zavascki, Julgamento: 20.10.2005, DJ: 07.11.2005).

PROCESSUAL CIVIL. ADMINISTRATIVO. AÇÃO CIVIL PÚBLICA. MINISTÉRIO PÚBLICO. LEGITIMIDADE. DANO AO ERÁRIO. LICITAÇÃO. ECONOMIA MISTA. RESPONSABILIDADE.

1. O Ministério Público é parte legítima para propor Ação Civil Pública visando resguardar a integridade do patrimônio público (sociedade de economia mista) atingido por contratos de efeitos financeiros firmados sem licitação. Precedentes. 2. Ausência, na relação jurídica discutida, dos predicados exigidos para dispensa de licitação. 3. Contratos celebrados que feriram princípios norteadores do atuar administrativo: legalidade, moralidade, impessoalidade e proteção ao patrimônio público. 4. Contratos firmados, sem licitação, para a elaboração de estudos, planejamento, projetos e especificações visando a empreendimentos habitacionais. Sociedade de economia mista como órgão contratante e pessoa jurídica particular como contratada. Ausência de características específicas de notória especialização e de prestação de serviço singular. 5. Adequação de Ação Civil Pública para resguardar o patrimônio público, sem afastamento da ação popular. Objetivos diferentes. 6. É imprescritível a Ação Civil Pública visando a recomposição do patrimônio público (art. 37, § 5º, CF/88). 7. Inexistência, no caso, de cerceamento de defesa. Causa madura para que recebesse julgamento antecipado, haja vista que todos os fatos necessários ao seu julgamento estavam, por via documental, depositados nos autos. 8. O fato de o Tribunal de Contas ter apreciado os contratos administrativos não impede o exame dos mesmos em Sede de Ação Civil Pública pelo Poder Judiciário. 9. Contratações celebradas e respectivos aditivos que não se enquadram no conceito de notória especialização, nem no do serviço a ser prestado ter caráter singular. Contorno da exigência de licitação inadmissível. Ofensa aos princípios norteadores da atuação da Administração Pública. 10. Atos

administrativos declarados nulos por serem lesivos ao patrimônio público. Ressarcimento devido pelos causadores do dano. 11. Recurso do Ministério Público provido, com o reconhecimento de sua legitimidade. 12. Recursos das partes demandadas conhecidos parcialmente e, na parte conhecida, improvidos. (REsp 403153/SP, STJ, Rel. Min. José Delgado, Julgamento: 09.09.2003, DJ: 20.10.2003).

Em concisa análise acerca da arguição de descumprimento de preceito fundamental, pode-se afirmar o quão acentuadas são as divergências acerca da constitucionalidade, da eficácia e da utilidade da Lei n. º 9882/99, que veio a regulamentar o § 1º do artigo 102 da Constituição Federal, inserido na Magna Carta através da Emenda Constitucional n.º 3, de 18 de março de 1993.

No geral, os doutrinadores consideram a arguição como uma nova forma de controle concentrado da constitucionalidade e esta ponderação, neste resumo; vejamos apenas duas declarações, das mais acaloradas, acerca desses posicionamentos.

A primeira é a do Professor de Direito Constitucional, Sylvio Clemente da Motta Filho, *in verbis*:

> "(....) A propósito, percebemos a existência, bem definida, de dois grupos de comentaristas desta nova modalidade de argüição principal. Quanto ao primeiro, que ingenuamente defende o novo instituto com "unhas e dentes" e acredita sinceramente que constitui um avanço no sistema constitucional de nosso país, ousamos dizer que não passam de meros inocentes-úteis. Já o segundo, maquiavelicamente, queda-se em silêncio preocupante; ora quase ouvimos suas risadas abafadas de satisfação com o caos que se instala em nome da disciplina democrática, ora percebemos em seus semblantes um indisfarçável contentamento com mais uma medida que, a pretexto do contrário, acaba por manietar ainda mais o Poder Judiciário. Parece claro que se a arguição de descumprimento não for usada com alto grau de prudência, restará por asfixiar a criatividade que deve revestir o ato de sentenciar, eclipsando a formação de uma convicção clara dos juízes das instâncias ordinárias.
> No âmbito do direito comparado, trata-se de um verdadeiro recorde brasileiro. Figuramos entre o seleto grupo de países que podem "se orgulhar" de possuir, no sistema constitucional, um número significativo de remédios abstratos aptos a sanar inconstitucionalidades. Ao lado da 'tradicional' representação de inconstitucionalidade interventiva, da 'aceitável' ação direta de inconstitucionalidade, da 'inútil' ação de inconstitucionalidade por omissão e da 'incongruente' ação declaratória de constitucionalidade, surge mais essa.
> É natural que a eficiência do remédio seja sempre proporcional ao mal que se pretende erradicar, ou seja, quanto maior a praga, mais concentrado deve ser o pesticida e, consequentemente, piores os efeitos colaterais que produzirá, ocasionando grave desequilíbrio ao "ecossistema" constitucional.
> (.....) Sem querer profetizar, tudo indica que a ADPF, por causa disso, terá destino jurisprudencial muito semelhante ao do mandado de injunção. Oxalá permita que estejamos equivocados. " [1] (grifos nossos)

A segunda é a do professor Gilmar Ferreira Mendes, um dos maiores defensores deste instituto, e não poderia ser diferente já que foi, somado aos professores Celso Ribeiro Bastos, Arnoldo Wald, Ives Gandra da Silva Martins e Oscar Dias Corrêa, membro integrante da comissão que elaborou o anteprojeto da norma em comento, vejamos:

> "Em maio de 1997 discuti com o Professor Celso Ribeiro Bastos a possibilidade de introdução, no ordenamento jurídico brasileiro, de um instrumento adequado a combater chamada "guerra de liminares".
> Chegamos à conclusão de que a própria Constituição oferecia um instrumento adequado - pelo menos no que diz respeito às matérias afetas ao Supremo Tribunal Federal - ao prever, no art. 102, § 1º (1), a chamada "arguição de descumprimento de preceito fundamental". Na oportunidade, lembramos que a arguição de descumprimento de preceito fundamental poderia contemplar, adequadamente, o incidente de inconstitucionalidade.(...)" (2)

Percebe-se que o novo instituto contém um enorme potencial de aperfeiçoamento do sistema pátrio de controle de constitucionalidade. Tudo isso necessita analisar os principais aspectos que permeiam a Lei regulamentadora da arguição.

Pode-se afirmar que a arguição de descumprimento de preceito fundamental, surgida com a intenção de ser um equivalente do "Incidente de Inconstitucionalidade" (do direito Alemão) no sistema jurídico brasileiro, teve como ponto central de sua proposta a criação de um mecanismo processual que permitisse ao Supremo Tribunal Federal decidir de imediato uma questão constitucional suscitada em qualquer instância judicial, de modo que todos os processos que tratarem da matéria fossem suspensos até a decisão definitiva pela Corte Máxima.

A arguição surgiu como uma nova forma de controle concentrado de constitucionalidade, situado na esfera da competência constitucional do STF tendo por objeto "evitar ou reparar lesão a preceito fundamental, resultante de ato do Poder Público" (caput do art. 1º da Lei n.º 9.882/99), ora equivalente a um incidente processual de inconstitucionalidade (arguição incidental), manejável "quando for relevante o fundamento da controvérsia constitucional sobre lei ou ato normativo federal, estadual ou municipal, incluídos os anteriores à Constituição" (art. 1º, § único, inciso I, da Lei n.º 9.882/99).

2. Um Pequeno Contexto Do Tema

2-As Leis nº 9868/99 e 9882/99 introduziram um conjunto expressivo de inovações no sistema de controle de constitucionalidade adotado pela Constituição Federal de 1988. Trata-se de documentos legislativos dispondo, respectivamente, sobre o processo e julgamento da ação direta de inconstitucionalidade e da ação declaratória de constitucionalidade perante o Supremo Tribunal Federal (Lei nº 9.868/99), e do processo e julgamento da arguição de descumprimento de preceito fundamental (Lei nº 9.882/99), diploma este que veio a regulamentar o art. 102, § 1º, da Constituição Federal de 1988, transcorridos mais de 11 anos de sua entrada em vigor.

Isso porque a CF/88 previu, em norma constitucional carente de regulamentação ou, nas palavras de Maria Helena Diniz, em "norma com eficácia relativa dependente de complementação legislativa" [3], a competência do STF para processar e julgar a arguição de descumprimento de preceito fundamental (ADPF).

A Constituição vigente abriga o controle de constitucionalidade jurisdicional, combinando os critérios difuso e concentrado, este de competência do Supremo Tribunal Federal, havendo a inconstitucionalidade por ação ou por omissão.

Assim, temos o exercício do controle de constitucionalidade por via de exceção e por via de ação direita de inconstitucionalidade e ainda através da ação declaratória de constitucionalidade abrangente, já que, nas palavras do professor José Afonso da Silva, os preceitos fundamentais compreendem tanto princípios quanto regras, porém apenas as fundamentais, decorrentes da Constituição, não se resumindo a estes direitos, mas os envolvendo.

Luiz Henrique Cavancanti Mélega, após discorrer sobre as diferenças substanciais entre princípios e regras constitucionais, assevera ser possível compreender por preceito fundamental, tanto os princípios fundamentais, como as regras de direito fundamentais presentes na Carta Magna.

Ao compreendermos como surgiu essa nova forma de controle concentrado de constitucionalidade, adentramos ao . projeto que deu origem a ADPF . Em maio de 1997, com o intuito de combater a chamada "guerra de liminares" os professores Gilmar Ferreira Mendes e Celso Ribeiro Bastos, chegaram a conclusão de que a Constituição Federal de 1988 já continha um instrumento adequado, previsto em seu art. 102, § 1º, qual seja, a argüição de descumprimento de preceito fundamental". Na opinião destes estudiosos, a arguição poderia, inclusive, contemplar o incidente de inconstitucionalidade.

O Professor Celso Ribeiro Bastos, então, ficou encarregado de elaborar um esboço do projeto que haveria de regular a arguição de descumprimento de preceito fundamental.

Já o professor Gilmar Ferreira Mendes, ao analisar o projeto, aproveitou as ideias centrais contidas no Projeto de Lei destinado a disciplinar a ADIn e a ADC e elaborou uma segunda versão do esboço, introduzindo o incidente de inconstitucionalidade.

Após isso e com uma nova apreciação do Professor Celso Bastos, propôs-se que o tema fosse submetido a uma Comissão de especialistas, de modo que no dia 04 de julho de 1997, o Ministro da Justiça, Iris Resende, editou a Portaria no 572, publicada no D.O.U de 7 de julho de 1997, instituindo a mencionada comissão que ficou encarregada de elaborar estudos e anteprojeto de lei que disciplinasse a arguição de descumprimento de preceito fundamental.

Assim, a comissão foi composta dos seguintes membros: os Professores Celso Ribeiro Bastos (Presidente), Gilmar Ferreira Mendes, Arnoldo Wald, Ives Gandra Martins e Oscar Dias Corrêa.

Encerrados os trabalhos da comissão, chegou-se ao texto final do anteprojeto e o Professor Celso Bastos encaminhou-o, acompanhado de relatório, ao Ministro da Justiça.

O texto final da referida lei restou assim concluído, *in verbis*:
"LEI Nº 9.882, DE 3 DE DEZEMBRO DE 1999.
Dispõe sobre o processo e julgamento da arguição de descumprimento de preceito fundamental, nos termos do § 1º do art. 102 da Constituição Federal.
O PRESIDENTE DA REPÚBLICA
Faço saber que o Congresso Nacional decreta e eu sanciono a seguinte Lei:
Art. 1º A arguição prevista no § 1º do art. 102 da Constituição Federal será proposta perante o Supremo Tribunal Federal, e terá por objeto evitar ou reparar lesão a preceito fundamental, resultante de ato do Poder Público.
Parágrafo único. Caberá também arguição de descumprimento de preceito fundamental:
I - quando for relevante o fundamento da controvérsia constitucional sobre lei ou ato normativo federal, estadual ou municipal, incluídos os anteriores à Constituição;
II – (VETADO)
Art. 2º Podem propor arguição de descumprimento de preceito fundamental:
I - os legitimados para a ação direta de inconstitucionalidade;
II - (VETADO)
§ 1º Na hipótese do inciso II, faculta-se ao interessado, mediante representação, solicitar a propositura de arguição de descumprimento de preceito fundamental ao Procurador-Geral da República, que, examinando os fundamentos jurídicos do pedido, decidirá do cabimento do seu ingresso em juízo.
§ 2º (VETADO)
Art. 3º A petição inicial deverá conter:
I - a indicação do preceito fundamental que se considera violado;
II - a indicação do ato questionado;
III - a prova da violação do preceito fundamental;
IV - o pedido, com suas especificações;
V - se for o caso, a comprovação da existência de controvérsia judicial relevante sobre a aplicação do preceito fundamental que se considera violado.
Parágrafo único. A petição inicial, acompanhada de instrumento de mandato, se for o caso, será apresentada em duas vias, devendo conter cópias do ato questionado e dos documentos necessários para comprovar a impugnação.
Art. 4º A petição inicial será indeferida liminarmente, pelo relator, quando não for o caso de arguição de descumprimento de preceito fundamental, faltar algum dos requisitos prescritos nesta Lei ou for inepta.
§ 1º Não será admitida arguição de descumprimento de preceito fundamental quando houver qualquer outro meio eficaz de sanar a lesividade.
§ 2º Da decisão de indeferimento da petição inicial caberá agravo, no prazo de cinco dias.

Art. 5º O Supremo Tribunal Federal, por decisão da maioria absoluta de seus membros, poderá deferir pedido de medida liminar na arguição de descumprimento de preceito fundamental.

§ 1º Em caso de extrema urgência ou perigo de lesão grave, ou ainda, em período de recesso, poderá o relator conceder a liminar, ad referendum do Tribunal Pleno.

§ 2º O relator poderá ouvir os órgãos ou autoridades responsáveis pelo ato questionado, bem como o Advogado-Geral da União ou o Procurador-Geral da República, no prazo comum de cinco dias.

§ 3º A liminar poderá consistir na determinação de que juízes e tribunais suspendam o andamento de processo ou os efeitos de decisões judiciais, ou de qualquer outra medida que apresente relação com a matéria objeto da arguição de descumprimento de preceito fundamental, salvo se decorrentes da coisa julgada.

§ 4º (VETADO)

Art. 6º Apreciado o pedido de liminar, o relator solicitará as informações às autoridades responsáveis pela prática do ato questionado, no prazo de dez dias.

§ 1º Se entender necessário, poderá o relator ouvir as partes nos processos que ensejaram a arguição, requisitar informações adicionais, designar perito ou omissão de peritos para que emita parecer sobre a questão, ou ainda, fixar data para declarações, em audiência pública, de pessoas com experiência e autoridade na matéria.

§ 2º Poderão ser autorizadas, a critério do relator, sustentação oral e juntada de memoriais, por requerimento dos interessados no processo.

Art. 7º Decorrido o prazo das informações, o relator lançará o relatório, com cópia a todos os ministros, e pedirá dia para julgamento.

Parágrafo único. O Ministério Público, nas arguições que não houver formulado, Terá vista do processo, por cinco dias, após o decurso do prazo para informações.

Art. 8º A decisão sobre a arguição de descumprimento de preceito fundamental somente será tomada se presentes na sessão pelo menos dois terços dos Ministros.

§ 1º (VETADO)

§ 2º (VETADO)

Art. 9º (VETADO)

Art. 10. Julgada a ação, far-se-á comunicação às autoridades ou órgãos responsáveis pela prática dos atos questionados, fixando-se as condições e o modo de interpretação e aplicação do preceito fundamental.

§ 1º O presidente do Tribunal determinará o imediato cumprimento da decisão, lavrando-se o acórdão posteriormente.

§ 2º Dentro do prazo de dez dias, contado a partir do trânsito em julgado da decisão, sua parte dispositiva será publicada em seção especial do Diário da Justiça e do Diário Oficial da União.

§ 3º A decisão terá eficácia contra todos e efeito vinculante relativamente aos demais órgãos do Poder Público.

Art. 11. Ao declarar a inconstitucionalidade de lei ou ato normativo, no processo de arguição de descumprimento de preceito fundamental, e tendo em vista razões de segurança jurídica ou de excepcional interesse social, poderá o Supremo Tribunal Federal, por maioria de dois terços de seus membros, restringir os efeitos daquela declaração ou decidir que ela só tenha eficácia a partir de seu trânsito em julgado ou de outro momento que venha a ser fixado.

Art. 12. A decisão que julgar procedente ou improcedente o pedido em arguição de descumprimento de preceito fundamental é irrecorrível, não podendo ser objeto de ação rescisória.

Art. 13. Caberá reclamação contra o descumprimento da decisão proferida pelo Supremo Tribunal Federal, na forma doseu Regimento Interno.

Art. 14. Esta Lei entra em vigor na data de sua publicação."

Tomamos a liberdade de grifar os principais aspectos da lei que serão objeto de comentários no presente tema, o que passamos a fazer a partir do próximo tópico.

3. O CONCEITO DE PRECEITO FUNDAMENTAL E O USO DA EXPRESSÃO "DECORRENTE" NA LEI REGULAMENTADORA

Para o professor Luiz Henrique Cavancanti Mélega, os preceitos fundamentais compreendem, "tanto os princípios fundamentais, como as regras de direito fundamentais inseridas na Carta Magna." [4]

Para Daniel Sarmento, " inexiste hierarquia entre as normas da Constituição, é certo que algumas são mais relevantes do que outras, desfrutando de primazia, na ordem de valores em que se esteia o direito positivo. Assim, conforme averberam Celso Bastos e Aléxis Galiás de Souza Vargas a propósito da ADPF, '(...)não se trata de fiscalizar a lesão a qualquer dispositivo da que é, sem dúvida, a maior Constituição do mundo, mas tão-somente aos grandes princípios e regras basilares deste diploma'." [5]

Inclusive, ao tecer comentários acerca dos preceitos fundamentais, este mesmo autor elogia o fato de ter restado em aberto a delimitação de quais são estes preceitos, asseverando que "ao valer-se de um conceito jurídico indeterminado, a lei conferiu uma maleabilidade maior à jurisprudência, que poderá acomodar com mais facilidade mudanças no mundo dos fatos, bem como a interpretação evolutiva da Constituição". [6]

Já Thomas da Rosa de Bustamante, sustentava que a arguição de descumprimento de preceito fundamental não poderia ter como finalidade o controle de qualquer norma insculpida na Constituição, mas apenas as normas de hierarquia axiológica superior, tais como os princípios estruturais do Estado Democrático de Direito, mas, posteriormente, veio a modificar seu posicionamento, vejamos suas palavras:

> "Analisando melhor o tema, volto atrás em algumas das minhas afirmações, para admitir a fiscalização de qualquer norma constitucional, seja expressa ou implícita, através da arguição de descumprimento de preceito fundamental, tal como prevê em linhas gerais a Lei n.º 9.882/99. Com efeito, a norma constitucional regulamentada permite tal interpretação, pois, no jogo de palavras que veicula, de certo modo define como "preceito fundamental" aquele "decorrente da Constituição". Veja-se que a redação do dispositivo constitucional se refere a "preceito fundamental, decorrente desta Constituição", de modo que abre a possibilidade de interpretação no sentido defendido pelos autores da Lei 9.882/99. É perfeitamente sustentável, portanto, a utilização da arguição de descumprimento de preceito fundamental para curar a violação de qualquer norma jurídica expressa ou implicitamente consagrada no texto da Constituição da República, ainda mais porque a ação destina-se à correção de atos inconstitucionais, justificando assim uma interpretação ampliativa quanto aos pressupostos." [7]

Para o Professor JOSÉ AFONSO DA SILVA, ao analisar o dispositivo constitucional em questão, " O §1º do art. 102 contém uma disposição não muito bem redigida, tal como dizer 'preceito fundamental decorrente da Constituição', quando deveria apenas falar em 'preceito fundamental da Constituição', mas isso não infirma nem mesmo prejudica a relevância da norma, assim enunciada: a arguição de descumprimento de preceito fundamental decorrente da Constituição será apreciada pelo Supremo Tribunal Federal, na forma da lei. 'Preceitos fundamentais' não é expressão sinônima de 'princípios fundamentais'. É mais ampla, abrange a estes e todas as prescrições que dão sentido básico ao regime constitucional, como são, por exemplo, as que apontam para a autonomia dos Estados, do Distrito Federal e especialmente as designativas de direitos e garantias fundamentais." [8]

Não poderíamos deixar de mencionar o posicionamento de, pelo menos, um daqueles que contribuíram na elaboração da Lei ora estudada, ou seja, Gilmar Ferreira Mendes.

Para ele, "ninguém poderá negar a qualidade de preceitos fundamentais da ordem constitucional aos direitos e garantias individuais" (art. 5º, entre outros). Da mesma forma, não se poderá deixar de atribuir essa qualificação aos demais princípios protegidos pela cláusula pétrea do art. 60, § 4º, da Constituição: princípio federativo, a separação dos poderes, o voto direto, universal e secreto.

Por outro lado, a própria Constituição explicita os chamados princípios sensíveis, cuja violação pode dar ensejo à decretação de intervenção federal nos Estados-membros (Constituição Federal, art. 34).

Como anteriormente dito, na introdução deste artigo, há doutrinadores que, dentre tantas incertezas, entendem de forma ampla o significa de preceito fundamental, citamos como exemplo o professor Sylvio Motta, *in verbis*:

> "Entendemos como preceito fundamental todo e qualquer dispositivo constitucional que tenha natureza principiológica servindo de alicerce para qualquer uma das cadeiras de Direito contempladas pelo texto constitucional". Optamos por ousar uma interpretação extensiva em virtude da própria natureza jurídica do dispositivo que tem, inequivocamente, uma índole democrática imensurável. Mais não fosse, o instituto além de tutelar a lesão tutela também a ameaça de lesão de ato emanado de qualquer um dos poderes da República, o que, por si só, nos afigura como elemento axiológico autorizador para uma percepção assaz ampliada do conceito de preceito fundamental.
>
> Assim, correndo o risco de sermos desmentidos pela jurisprudência futura, como preceito fundamental entendemos não apenas os Princípios Fundamentais do Título I da Carta, mas, também, os princípios atinentes aos Direitos e Garantias Fundamentais (estejam ou não localizados topograficamente no Título II); os princípios constitucionais explícitos e sensíveis relativos ao pacto federativo e a repartição de competências entre os entes federados; os princípios constitucionais norteadores da Administração Pública; as cláusulas pétreas (artigo 60, § 4º), os princípios pertinentes ao Sistema Tributário Nacional e as regras básicas sobre Finanças Públicas (Título VI); e os princípios da Ordem Econômica e Financeira, mormente os que se relacionam diretamente com os limites do Estado na intervenção na propriedade e na atividade econômica (Título VII).Temos que estes devem ser os parâmetros para a conceituação de preceito fundamental." [9]

Contra esse tipo de posicionamento, que entende de forma ampla a delimitação de quais seriam os preceitos fundamentais, ou, pelo menos, como uma forma de ponderação, André Ramos Tavares diz que (...) "é necessário que se afastem as considerações que vêem os preceitos fundamentais como toda e qualquer norma contida na Lei Maior, dizendo que se a própria Lei delimitou os preceitos dizendo que são apenas os fundamentais, incoerente seria considerarem-se todos os preceitos constitucionais." E, diz ainda, que "...é a fundamentalidade que diferencia estes preceitos dos demais" , considerando fundamental o quando se apresentar como "imprescindível, basilar e inafastável." Logo, ao voltarmos para o Direito Administrativo – e o sob seu manto, encontramos os contratos administrativos, pelas suas características regidas por seus princípios já conhecidos, ainda que haja um "desnivelamento das partes", pois temos a supremacia do interesse público, o qual a administração pública é dotada, visando o bem-estar da coletividade, não há como desassociar dos preceitos fundamentais da Carta Magna, pois ao perseguirmos o princípio do equilíbrio econômico-financeiro, depara-se com outro princípio; o da autotutela administrativa, com a devida responsabilidade do bom gestor da coisa pública.

Pode-se, então avalizar vislumbrando os preceitos como sendo, as regras e princípios constitucionais fundamentais englobando, inclusive, o que explicitamente é delimitado pela Constituição ou dela decorrentes, que possam traduzir a essência de todo o conjunto normativo constitucional, no sentido de que protegem bens maiores, seja pela individual e singular importância desses bens, seja pela gravidade dos efeitos que decorreriam de seu desrespeito.

O Supremo Tribunal Federal tem apontado às insuficiências existentes no âmbito das técnicas de decisão no processo de controle de constitucionalidade.

Os casos de omissão parcial mostram-se extremamente difíceis de serem superados no âmbito do controle de normas em razão da "inconstitucionalidade."

Vale a pena ilustrarmos:

PROJETO DE LEI Nº 2.960, DE 1997 (PL Nº 10/99, no Senado Federal) * Transformou-se na Lei nº 9.868 de, 10 de novembro de 1999.

(Do Poder Executivo)

Dispõe sobre o processo e julgamento da ação direta de inconstitucionalidade e da ação declaratória de constitucionalidade perante o Supremo Tribunal Federal.

O CONGRESSO NACIONAL decreta:

Capítulo I

DA AÇÃO DIRETA DE INCONSTITUCIONALIDADE E DA AÇÃO DECLARATÓRIA DE CONSTITUCIONALIDADE

Art. 1º Esta Lei dispõe sobre o processo e julgamento da ação direta de inconstitucionalidade e da ação declaratória de constitucionalidade perante o Supremo Tribunal Federal.

Capítulo II

DA AÇÃO DIRETA DE INCONSTITUCIONALIDADE

Seção I

Da Admissibilidade e do Procedimento da Ação Direta de Inconstitucionalidade

Art. 2º Podem propor a ação direta de inconstitucionalidade:

I - o Presidente da República;

II - a Mesa do Senado Federal;

III - a Mesa da Câmara dos Deputados;

IV - a Mesa de Assembléia Legislativa ou a Mesa da Câmara Legislativa do Distrito Federal;

V - o Governador de Estado ou o Governador do Distrito Federal;

VI - o Procurador-Geral da República;

VII - o Conselho Federal da Ordem dos Advogados do Brasil;

VIII - partido político com representação no Congresso Nacional;

IX - confederação sindical ou entidade de classe de âmbito nacional.

Parágrafo único. As entidades referidas no inciso IX deverão demonstrar que a pretensão por elas deduzida tem pertinência direta com os seus objetivos institucionais.

Art. 3º A petição indicará:

I - o dispositivo da lei ou do ato normativo impugnado e os fundamentos jurídicos do pedido em relação a cada uma das impugnações;

II - o pedido, com suas especificações.

Parágrafo único. A petição inicial, acompanhada de instrumento de procuração, se for o caso, será apresentada em duas vias, devendo conter cópias da lei ou do ato normativo impugnado e dos documentos necessários para comprovar a impugnação.

Art. 4º A petição inicial inepta, não fundamentada, e a manifestamente improcedente serão liminarmente indeferidas pelo relator.

Parágrafo único. Cabe agravo da decisão que indeferir a petição inicial.

Art. 5º Proposta a ação direta, não se admitirá desistência.

Parágrafo único. O relator determinará a publicação de edital no Diário da Justiça e no Diário Oficial, contendo informações sobre a propositura da ação direta de inconstitucionalidade, o seu autor e o dispositivo da lei ou do ato normativo.

Art. 6º O relator pedirá informações aos órgãos ou às autoridades das quais emanou a lei ou o ato normativo impugnado.

Parágrafo único. As informações serão prestadas no prazo de trinta dias, contado do recebimento do pedido.

Art. 7º Não se admitirá intervenção de terceiros no processo de ação direta de inconstitucionalidade.

§ 1º Os demais titulares referidos no art. 2º poderão manifestar-se, por escrito, sobre o objeto da ação e pedir a juntada de documentos reputados úteis para o exame da matéria, no prazo das informações, bem como apresentar memoriais.

§ 2º O relator, considerando a relevância da matéria e a representatividade dos postulantes, poderá, por despacho irrecorrível, admitir, observado o prazo fixado no parágrafo anterior, a manifestação de outros órgãos ou entidades.

Art. 8º Decorrido o prazo das informações, serão ouvidos, sucessivamente, o Advogado-Geral da União e o Procurador-Geral da República, que deverão manifestar-se, cada qual, no prazo de quinze dias.

Art. 9º Vencidos os prazos do artigo anterior, o relator lançará o relatório, com cópia a todos os Ministros, e pedirá dia para julgamento.

§ 1º Em caso de necessidade de esclarecimento de matéria ou circunstância de fato ou de notória insuficiência das informações existentes nos autos, poderá o relator requisitar informações adicionais, designar perito ou comissão de peritos para que emita parecer sobre a questão, ou fixar data para, em audiência pública, ouvir depoimentos de pessoas com experiência e autoridade na matéria.

§ 2º O relator poderá, ainda, solicitar informações aos Tribunais Superiores, aos Tribunais federais e aos Tribunais estaduais acerca da aplicação da norma impugnada no âmbito de sua jurisdição.

Seção II

Da Medida Cautelar em Ação Direta de Inconstitucionalidade

Art. 10. Salvo no período de recesso, a medida cautelar na ação direta será concedida por decisão da maioria absoluta dos membros do Tribunal, observado o disposto no art. 22, após a audiência dos órgãos ou autoridades dos quais emanou a lei ou ato normativo impugnado, que deverão pronunciar-se no prazo de cinco dias.

§ 1º O relator, julgando indispensável, ouvirá o Advogado-Geral da União e o Procurador-Geral da República, no prazo de três dias.

§ 2º No julgamento do pedido de medida cautelar, será facultada sustentação oral aos representantes judiciais do requerente e das autoridades ou órgãos responsáveis pela expedição do ato, na forma estabelecida no Regimento do Tribunal.

§ 3º Em caso de excepcional urgência, o Tribunal poderá deferir a medida cautelar sem a audiência dos órgãos ou das autoridades das quais emanou a lei ou o ato normativo impugnado.

Art. 11. Concedida a medida cautelar, o Supremo Tribunal Federal fará publicar em seção especial do Diário Oficial da União e do Diário da Justiça da União a parte dispositiva da decisão, no prazo de dez dias, devendo solicitar as informações à autoridade da qual tiver emanado o ato, observando-se, no que couber, o procedimento estabelecido na Seção I deste Capítulo.

§ 1º A medida cautelar, dotada de eficácia contra todos, será concedida com efeito ex nunc, salvo se o Tribunal entender que deva conceder-lhe eficácia retroativa.

§ 2º A concessão da medida cautelar torna aplicável a legislação anterior acaso existente, salvo expressa manifestação em sentido contrário.

Art. 12. Havendo pedido de medida cautelar, o relator, em face da relevância da matéria e de seu especial significado para a ordem social e a segurança jurídica, poderá, após a prestação das informações, no prazo de dez dias, e a manifestação do Advogado-Geral da União e do Procurador-Geral da República, sucessivamente, no prazo de cinco dias, submeter o processo diretamente ao Tribunal, que terá a faculdade de julgar definitivamente a ação.

Finalmente, cabem algumas considerações acerca do efeito vinculante das decisões proferidas em ação direta de inconstitucionalidade vez que aceita a ideia de que a ação declaratória configura uma ADIn com sinal trocado, tendo ambas caráter dúplice ou ambivalente, afigura-se difícil admitir que a decisão proferida em sede de ação direta de inconstitucionalidade não tenha efeitos ou consequências semelhantes àqueles reconhecidos para a ação declaratória de constitucionalidade. Ao criar a ação declaratória de constitucionalidade de lei federal, estabeleceu o constituinte que a decisão definitiva de mérito nela proferida – incluída aqui, pois, aquela que, julgando improcedente a ação, proclamar a inconstitucionalidade da norma questionada – "produzirá eficácia contra todos e efeito vinculante, relativamente aos demais órgãos do Poder Judiciário e do Poder Executivo" (Art. 102, § 2º da Constituição Federal de 1988). Portanto, afigura-se correta a posição de vozes autorizadas do Supremo Tribunal Federal, como a do Ministro Sepúlveda Pertence, segundo o qual, "quando cabível em tese a ação declaratória de constitucionalidade, a mesma força vinculante haverá de ser atribuída à decisão definitiva da ação direta de inconstitucionalidade" (Reclamação n.

167, despacho, RDA, 206:246 (247)). Em verdade, o efeito vinculante decorre do particular papel político-institucional desempenhado pela Corte ou pelo Tribunal Constitucional, que deve zelar pela observância estrita da Constituição nos processos especiais concebidos para solver determinadas e específicas controvérsias constitucionais. Esse foi o entendimento adotado pelo Supremo Tribunal na ADC 4, ao reconhecer efeito vinculante à decisão proferida em sede de cautelar, a despeito do silêncio do texto constitucional.

4. Conclusão

Buscou-se, sobremodo reanalisar-se de forma sucinta o tema ventilado, e por objetividade conclusiva, entendemos que destina-se a arguição de descumprimento de preceito fundamental, primacialmente, a evitar ou reparar lesão a preceito fundamental, resultante de ato do Poder Público, além do que, em nosso entendimento, a ADPF, da maneira como foi criada, serviria como instrumento de cidadania, na medida em que qualquer cidadão – principalmente sendo pessoa física ou jurídica interligados à Administração Pública, de forma direta ou indireta – poderiam defender em juízo os preceitos fundamentais lesados ou ameaçados por ato do Poder Público e ao usarmos efeito vinculante diretamente aos princípios da proporcionalidade e viabilidade pelos quais deve acautelar-se o gestor público, perante os contratos administrativos, visa-se efetivamente obter a devida segurança jurídica a nortear os princípios da legalidade e finalidade de seu atos, *pari passu*, distante de ser uma norma em branco, profere-se a Lei 8.666/93, com uma natureza jurídica bastante rígida, de um procedimento formal, pois só se pode fazer aquilo que a lei prediz, prazos e formas ou mesmo a anulação de um certame, que passível o é, de ser avaliada pelo controle interno da Administração Pública. Daí ter a aludida Lei, peculiar aspecto rigoroso, sem ferir, no entanto, os preceitos infraconstitucionais.

5 - Referências Bibliográficas REFERÊNCIAS

(1)- MOTTA Filho, Sylvio Clemente da, Direito Constitucional: Teoria, Jurisprudência e Questões - Método editora. 25ª Edição – São Paulo, 2015.

(2)- MENDES, Gilmar Ferreira, Controle Abstrato de Constitucionalidade Adi, Adc e Ado – Saraiva. 6ª Ed. São Paulo, 2014. MENDES, G. F. Jurisdição constitucional: o controle abstrato de normas no Brasil e na Alemanha. São Paulo: Saraiva, 2005.

(3)-DINIZ, Maria Helena, Curso de Direito Civil Brasileiro. Teoria das Obrigações Contratuais e Extracontratuais – Saraiva. Volume 3, 34ª. Edição, São Paulo, 2018.

(4)- MÉLEGA, Luiz Henrique Cavalcanti, Lei de responsabilidade fiscal: Lei complementar n. 101, de 4.5.2000: trilogia de conceitos básicos - Imprenta: São Paulo, LTr, 2001.

(5)- SAMENTO, Daniel, Direitos Fundamentais e Relações Privadas – Lamen Juris Editora.2ª. Edição (3ª. Tiragem), Brasília, 2006.,

(6)- In CLÈVE, C.M. e BARROSO, L.R. (Org.) BASTOS, C.R. e VARGAS, A.G.S., Arguição de descumprimento de preceito fundamental. São Paulo: Editora Revista dos Tribunais, 2011 (Coleção doutrinas essenciais, v.5), p.884.

(7)- BUSTAMANTE, Thomas da Rosa de Teoria do Precedente Judicial - a Justificação e a Aplicação de Regras Jurisprudenciais - Saraiva. Volume 2 , 4ª. Edição, São Paulo, 2017.

(8) – SILVA, José Afonso da, Aplicabilidade Das Normas Constitucionais - Saraiva 8a Ed.São Paulo 2012

(9)- MOTTA, Sylvio, Idem.

(10)-F RANÇA, Júnia Lessa et al. Manual para normalização de publicações técnicocientíficas.

ed. rev. e ampl. Belo Horizonte: UFMG, 2003. 230 p.

FORMALIZAÇÃO DOS CONTRATOS ADMINISTRATIVOS

Rosa Cristina Ferreira Bezerra

1.   Introdução

A celebração dos contratos exige diversas formalidades estabelecidas na Lei8.666/93.

Tal diploma prevê a necessidade de realização prévia de licitação, nos termos do regramento estabelecido no artigo 23 da Lei Federal. Excepcionalmente, no entanto, é possível a contratação direta, nos casos de inexigibilidade e dispensa de licitação, situações em que será imprescindível a elaboração de um procedimento de justificação, conforme prevê o parágrafo único do artigo 26 (BRASIL, 1993):

> *O processo de dispensa, de inexigibilidade ou de retardamento, previsto neste artigo, será instruído, no que couber, com osseguintes elementos:*
> *I - caracterização da situação emergencial ou calamitosa que justifique a dispensa, quando for ocaso;*
> *II- razão da escolha do fornecedor ouexecutante; III - justificativa dopreço.*
> *IV - documento de aprovação dos projetos de pesquisa aos quais os bens serão alocados.*

Ademais, conforme disposição expressa na lei de licitações, o contrato administrativo deve ser celebrado por escrito[1], sendo nulo e sem efeito aquele avençado de forma diferente. Permite-se, todavia, a contratação verbal quando o pacto importar em pequenas compras de pronto pagamento, desde que o valor do negócio não ultrapasse quatro mil reais.

No entanto, ainda que haja a possibilidade dessa contratação verbal, o presente artigo se aterá ao pacto celebrado por escrito, o qual foi constituído de um apanhado dos principais conceitos, cláusulas essenciais e cláusulas menos vistas em termos contratuais mas que fazem parte da formalização dos contratos administrativos baseado nas literaturas especializadas em Direito Administrativo, e fundamentado na Lei nº 8.666, de 21 de junho de 1993, no Decreto nº 5.450, de 31 de maio de 2005, Instrução Normativa nº 5, de 26 de maio de 2017, e outras normas correlatas, que regulamentam as licitações e contratações da administração pública brasileira.

2.   Contratos Administrativos

Como já foi visto em capítulos anteriores, o conceito mais simples de contrato, é todo acordo de vontades, firmado livremente pelas partes, para criar obrigações.

No âmbito da Administração Pública, o contrato recebe um adjetivo, o chamado contrato **administrativo**, que é o ajuste, cuja formalização deve observar os requisitos previstos na Lei, em que a Administração Pública, agindo nessa qualidade, firma com o particular ou com outra entidade administrativa, para a consecução de objetivos de interesse público, nas condições estabelecidas pela própria Administração.

Como negócio jurídico que exige a participação do Poder Público, o contrato administrativo deve sempre buscar a proteção do interesse coletivo, o que justifica a aplicação do regime público e um tratamento diferenciado para a Administração. Dentre outras características, o contrato administrativo é:

a) Consensual: consubstanciado em acordo de vontades.

b) Formal: não basta o consenso das partes, é necessária a obediência a certos requisitos, como os estabelecidos nos arts. 60 a 62 da Lei 8.666/93.

c) Oneroso: remunerado na forma convencionada.

d) Cumulativo: compensações recíprocas e equivalentes para as partes.

e) Sinalagmático: reciprocidade de obrigações.

f) De adesão: as cláusulas são impostas unilateralmente.

g) Personalíssimo: exige confiança recíproca entre as partes. É *intuitu personae*, porque o contrato representa a melhor proposta entre as apresentadas.

h) Exige licitação prévia, salvo nas hipóteses excepcionais previstas em lei.

3.   Formalização dos Contratos Administrativos

A formalização dos contratos administrativos está disciplinada nos artigos 60 a 64 da Lei 8.666/93.

O instrumento contratual é obrigatório nos casos de concorrência e tomada de preço, devendo ser utilizado também nas dispensas e inexigibilidades nos limites que a Lei admite nessas duas modalidades. E, pode ser facultado nos demais casos em que a Administração puder substituí-los por outros instrumentos hábeis, como a carta-contrato, nota de empenho de despesa , autorização de compra ou ordem de execução de serviço.

Todo contrato deve mencionar os nomes das partes e os de seus representantes, a finalidade, o ato que autorizou a sua lavratura, o número do processo da licitação, da dispensa ou da inexigibilidade, a sujeição dos contratantes às normas da LLC e/ou Lei do Pregão, e ainda, às cláusulas contratuais.

Para que um contrato se torne eficaz, é obrigatório a publicação resumida do instrumento contratual ou de seus aditamentos na imprensa oficial.

3.1   Formalização de acordo com a Lei 8.666/93

Segue abaixo uma discriminação das formalizações do contrato administrativo conforme os artigos 60 a 64 da LCC.

> 1.   Assinatura dos contratos
> *Art. 60. Os contratos e seus aditamentos serão lavrados nas repartições interessadas, as quais manterão arquivo cronológico dos seus autógrafos e registro sistemático do seu extrato, salvo os relativos a direitos reais sobre imóveis, que se formalizam por instrumento lavrado em cartório de notas, de tudo juntando-se cópia no processo que lhe deu origem.*
>
> 2.   Nulidade de contrato verbal
> *Art. 60 (...)*
> *Parágrafo único: È nulo e de nenhum efeito o contrato verbal com a Administração, salvo o de pequenas compras de pronto pagamento, assim entendidas aquelas de valor não superior a 5% (cinco por cento) do limite estabelecido no art. 23, inciso II, alínea "a" desta Lei, feitas em regime de adiantamento.*
>
> 3.   Itens necessários do contrato
> *Art. 61. Todo contrato deve mencionar os nomes das partes e os de seus representantes, a finalidade, o ato que autorizou a sua lavratura, o número do processo da licitação, da*

dispensa ou da inexigibilidade, a sujeição dos contratantes às normas desta Lei e às cláusulas contratuais.

4.   Publicação do extrato do contrato no DOU
Art. 61 (...)
Parágrafo único: A publicação resumida do instrumento de contrato ou de seus aditamentos na imprensa oficial, que é condição indispensável para sua eficácia, será providenciada pela Administração até o quinto dia útil do mês seguinte ao de sua assinatura, para ocorrer no prazo de vinte dias daquela data, qualquer que seja o seu valor, ainda que sem ônus, ressalvado o disposto no art. 26 desta Lei.

5.   Instrumentos que podem substituir um contrato dependendo da modalidade de licitação
Art. 62. O instrumento de contrato é obrigatório nos casos de concorrência e de tomada de preço, bem como nas dispensas e inexigibilidades cujos preços estejam compreendidos nos limites destas duas modalidades de licitação, e facultativo nos demais em que a Administração puder substituí-lo por outros instrumentos hábeis, tais como carta-contrato, nota de empenho de despesa, autorização de compra ou ordem de execução de serviço.

6.   Minuta de contrato
Art. 62 (...)
§ 1° A minuta do futuro contrato integrará sempre o edital ou ato convocatório da licitação.
Art. 63. É permitido a qualquer licitante o conhecimento dos termos do contrato e do respectivo processo licitatório e, a qualquer interessado, a obtenção de cópia autenticada, mediante pagamentos de emolumentos devidos.

7.   Dispensa do termo de contrato
Art. 62 (...)
§ 4° É dispensável o "termo de contrato" e facultada a substituição prevista neste artigo, a critério da Administração e independentemente de seu valor, nos casos de compra com entrega imediata e integral dos bens adquiridos, dos quais não resultem obrigações futuras, inclusive assistência técnica.

8.   Assinatura do termo do contrato
Art. 64. A Administração convocará regularmente o interessado para assinar o termo de contrato, aceitar ou retirar o instrumento equivalente, dentro do prazo e condições estabelecidos, sob pena de decair o direito à contratação, sem prejuízo das sanções previstas no art. 81 desta Lei.
§ 1° O prazo de convocação poderá ser prorrogado uma vez, por igual período, quando solicitado pela parte durante o seu transcurso e desde que ocorra motivo justificado aceito pela Administração.
§ 2° É facultado à Administração, quando o convocado não assinar o termo de contrato ou não aceitar ou retirar o instrumento equivalente no prazo e condições estabelecidos, convocar os licitantes remanescentes, na ordem de classificação, para fazê-lo em igual prazo e nas mesmas condições propostas pelo primeiro classificado, inclusive quanto aos preços atualizados de conformidade com o ato convocatório, ou revogar a licitação independentemente da cominação prevista no art. 81 desta Lei.

As cláusulas contratuais devem obedecer aos termos da licitação e da proposta a que estiver vinculado, que é o Princípio da Vinculação ao Instrumento Convocatório, onde a Administração e o licitante ficam obrigados a cumprir os termos do edital em todas as fases do processo: documentação, propostas, julgamento e contrato.

4.   Redação dos Contratos

1. Preâmbulo: Indicação dos nomes das partes e de seus representantes, o ato que autorizou a sua lavratura, o número do processo da licitação,a sujeição dos contratantes às normas pertinentes e às suas cláusulas;

2. Objeto da licitação e seus elementos característicos;
3. Vinculação ao edital e à proposta do licitante vencedor;
4. O regime de execução ou a forma de fornecimento;
5. O preço unitário e global do objeto;
6. As condições de pagamento, os recursos orçamentários necessários para a contratação;
7. A data de início e de conclusão de sua execução ou da entrega do objeto;
8. Os prazos e condições para recebimento provisório e definitivo do objeto;
9. Os direitos das partes;
10. As responsabilidades das partes;
11. As modalidades de garantias a serem oferecidas, se necessário;
12. As penalidade cabíveis, indicando a gravidade das faltas cometidas, observando sempre a prévia defesa;
13. Os valores das multas;
14. O prazo de vigência do contrato;
15. Possibilidade de prorrogação, de acordo com o Art. 57 da LCC;
16. Os casos de rescisão contratual e os direitos da administração, havendo a rescisão;
17. A obrigação do contratado em manter, durante toda a execução do objeto todas as condições de habilitação e qualificação exigidas na licitação;
18. A legislação aplicável à sua execução e aos casos omissos; possibilidade de acréscimos e decréscimos de acordo com os limites estabelecidos pelo Art. 65, §1º, da Lei nº 8.666/93;
19. As condições para reajustes dos preços e os critérios de atualização monetária;
20. Foro competente para dirimir qualquer questão contratual;
21. Previsão de assinatura do contrato ou instrumento equivalente, bem como das testemunhas;
22. Previsão de que o extrato do contrato ou do instrumento equivalente será publicado no DOU.

5.   **Cláusulas essenciais dos Contratos Administrativos**

O Art. 55 da Lei nº 8.666/93 e demais dispositivos legais que tratam de enumeração das cláusulas essenciais ou necessárias do Contrato Administrativo:

ITEM	DISCRIMINAÇÃO	ARTIGOS CORRESPONDENTES
I	Objetos e seus elementos característicos	Art. 38
II	Regime de execução ou a forma de fornecimento	Art. 10
III	Preço / Condições de pagamento	Arts. 5º§3º, 40 XI e XIV "a/e" "c"; 65 – 2 - "d" - §5º , 8º – 82
	Critério de Reajustamento/Repactuação/ Reequilíbrio Econômico/Financeiro	Art. 4º e 5º – Dec. 2.271/97 Lei nº 10.192/01 – Art. 2º Art. 53 a 61 - IN nº

		5/2017 Decisão nº 1.315/TCU; Decisão nº 457/95 TCU/Plenário; Acórdão 1.563/2004 TCU/Plenário
IV	Prazos de início de etapas de execução e de conclusão, de entrega, recebimento definitivo.	Art. 6º, XI
V	Créditos, com indicação da classificação da despesa	Art. 6º e 60 – Lei 4.320/64 Lei 101/2000 – Art. 15 e 16
VI	Garantias – quando exigidas	Art. 56 - §1º e 5º
VII	Direitos e responsabilidades das partes. Penalidades/Valores e Multas	Art. 79,81 à 88
VIII	Casos de Rescisão	Art. 77;78 – I a XVIII 79 - 81
IX	Reconhecimento dos direitos da administração em caso de rescisão administrativa prevista no Art. 77.	Art. 77, 78 e 79
X	Condições para importações	Art. 42
XI	Vinculação ao Edital de licitação/convite ou termo que dispensou ou a inexigiu	Art. 26
XII	Legislação aplicável à execução do Contrato	Art. 121
XIII	Exigências/assinatura do contrato Manutenção das condições de habilitação	Termo de conciliação judicial – 20.06.2003 – Clásula 3º - §2º e 3º Art. 13 §3º, 27 a 31 – 71 §1º – Art. 55 - 13
XIV	Prazo / assinatura do contrato	Art. 64 - §1º - 3º
XV	Prazo Publicação extrato do contrato	Art. 61 – Parágrafo Único Art. 33 §2º – Dec. 93.872/86
XVI	Duração	Art. 57 I a IV
XVII	Foro	Art. 55 § 2º

6. Cláusulas Facultativas

As cláusulas facultativas, são aquelas cuja previsão se sujeita à vontade das partes contratantes, podendo ou não estar presentes no instrumento.

Nos dizeres da doutrina, as cláusulas elencadas nos incisos do artigo 55 da LCC, excluídos os casos de cláusulas necessárias, abrangem as hipóteses dispensáveis ou facultativas, devendo ser previstas de acordo coma natureza e as peculiaridades de cada contrato (JUSTEN FILHO,2012).

Outrossim, dados considerados pela Administração importantes, em razão da peculiaridade do objeto devem constar no termo contratual, afim de garantir a perfeita execução do objeto e resguardar os direitos e deveres das partes, evitando problemas durante a execução do contrato.

No caso da substituição do termo contratual por outros instrumentos, neles deverão constar,no que couber, cláusulas contratuais referentes às obrigações e direitos das partes, à descrição do objeto, ao regime de execução, às condições de pagamento e as demais previstas no Art. 55 da LCC.

7. Cláusulas Exorbitantes

Pode-se dizer que as prerrogativas da Administração Pública nos contratos administrativos também chamadas de "cláusulas exorbitantes", são reflexo da imposição do Regime Jurídico Administrativo, por traduzir a necessidade que a Administração tem na função de gerir bens e interesses da coletividade, de estar numa posição de superioridade em relação ao particular e de não poder dispor e nem deixar que seus agentes disponham daquilo que não são donos.

Essas cláusulas contam com previsão expressa no artigo 58 (BRASIL, 1993)da Lei de Licitações. No rol do mencionado dispositivo encontram-se os seguintes permissivos em prol da Administração:

▪▪ *Alteração unilateral por parte da Administração:* Nos termos do Art. 65, inc. I da Lei n° 8.666/93, que podem ser as alterações qualitativas ou alterações quantitativas (acréscimos ou supressões, com os limites impostos pelos § 1° e 2° do Art. 65), para o melhor atendimento ao interesse público, decorrido de fatos supervenientes, respeitados os interesses do contratado (reequilíbrio econômico-financeiro).

▪▪ *Rescisão unilateral por parte da Administração:* Como forma excepcional de extinção do contrato, conforme o Art. 58, II, combinado com o Art. 79, I e inc. I a XII e XVII do Art. 78 da LCC, em razão dos descumprimento do contrato pelo contratado, razões de interesse público, ocorrência de caso fortuito ou força maior, entre outros, após o contraditório e ampla defesa prévios, devendo a Administração, em caso de não existir culpa do contratado, ressarcir esse particular dos prejuízos regularmente comprovados, entre outros direitos.

▪▪ **Fiscalização do contrato administrativo (Art. 67):** feita por um representante especialmente designado;

▪▪ **Ocupação provisória dos bens da contratada (Art. 58, V):**nos casos de serviços essenciais, ocupar provisoriamente bens móveis, imóveis, pessoal e serviços vinculados ao objeto do contrato, na hipótese da necessidade de acautelar apuração administrativa de faltas contratuais pelo contratado, bem como na hipótese de rescisão do contrato administrativo

▪▪ **Aplicação depenalidades:** Como a advertência, multas moratórias e compensatórias (previstas em contrato), suspensão temporária e declaração de inodeidade (Art. 86 e seguintes), em processo administrativo próprio.

▪▪ **Garantia Contratual (Art. 56);**

▪▪ **A retomada do Objeto (Art. 80, inc. I):** Que é diferente da ocupação provisória. A retomada, consequência de rescisão contratual, é definitiva e visa a continuidade da obra ou serviço, enquanto que ocupação, consequência da intervenção sobre uma concessão ou permissão, é temporária e objetiva, visto que ocorre o retorno à normalidade da execução do contrato, ou seja, devolve-se ao contratado o objeto do contrato.

  A retenção dos créditos decorrentes do contrato (Art. 80, inc. IV). LCC: A rescisão de que trata o inciso I do artigo anterior (Art. 79) acarreta as seguintes consequências, sem prejuízo das sanções previstas nesta Lei: *IV – retenção dos créditos decorrentes do contrato até o limite dos prejuízos causados à Administração.* A rescisão do contrato por ato imputável ao particular acarreta a suspensão se sua faculdade de exigir o pagamento por créditos pendentes. Somente se tornará exigível o pagamento após liquidadas as perdas e danos e na medida em que os créditos do particular ultrapassem os seus débitos.

  A exceção de contrato não cumprido (*exeption non adlimplenti contractus*) : Em face ao Art. 78, inc. XV. Nos contratos de direito privado, de natureza bilateral, ou seja, naqueles em que existem obrigações recíprocas, é admissível a exceção do contrato não cumprido – a parte pode dizer que somente cumprirá a obrigação se a outra parte cumprir a sua. Caso a Administração atrase os pagamentos devidos em decorrência de obras, serviços, fornecimentos ou parcelas destes, já recebidos ou executados, ressalvados os casos de calamidade pública, grave perturbação da ordem interna ou guerra, por período maior que 90 dias, o contratado poderá suspender o cumprimento de suas obrigações até que seja normalizado os pagamentos, assim, como também, poderá obter a rescisão do contrato.

De início, há de se falar que, constatada a necessidade de alteração do contrato, esta deverá efetivamente ocorrer, pois qualquer previsão contratual decorrente das chamadas cláusulas exorbitantes caracteriza o exercício de um poder-dever por parte da Administração. Dessa forma, se for necessária a alteração do pacto administrativo em benefício do interesse público, mas se o administrador deixar de agir, poderá haver responsabilização em virtude do descumprimento de deveres funcionais, uma vez que não se trata da proteção de interesses próprios, mas sim de natureza pública e indisponível. Assim, escreve Justen Filho (2012, p. 843/844):

> Verificados os pressupostos normativos, a Administração tem o dever de intervir no contrato e introduzir as modificações necessárias e adequadas à consecução dos interesses fundamentais.
> Sob esse enfoque, a Administração não é titular de um mero 'direito subjetivo', de uma faculdade disponível. Se a Administração deixar de exercitar seu poder, estará atuando mal e seus agentes poderão ser responsabilizados pelo descumprimento de seus deveres funcionais. Essas considerações são imprescindíveis, sob pena de configurar-se a disponibilidade dos interesses fundamentais. Ou poderia reputar-se existir faculdade para a Administração alterar o contrato administrativo quando e como bem entendesse o que também é incorreto (FILHO, 2012, p. 843/844).

Outrossim, ao mesmo tempo que existem prerrogativas da Administração Pública que a deixa em posição privilegiada em relação ao particular em função do interesse da coletividade, as restrições a que ela deve se submeter limitam suas atividades à finalidade e aos princípios que, em não sendo observados, caracterizam o desvio de poder ou de finalidade, gerando a nulidade dos atos praticados pela Administração

8.   Anexos do Contrato

Não há uma especificidade sobre quais sejam os anexos integrantes do contrato administrativo.

A prática recomenda que na cláusula do objeto do contrato, ao fim, seja incluído o seguinte complemento: "...fazendo parte integrante desse contrato, independentemente de transcrição, o Edital n° xxx/xxxx, seus anexos e a proposta final da contratada.".

Além do conteúdo gerado pelo procedimento licitatório, farão parte do contrato administrativo todos os aditamentos e apostilamentos dele decorrentes.

9. Conclusão

Vimos neste breve estudo que, os contratos administrativos buscam, na maioria das vezes, a satisfação do interesse público, são dotados de cláusulas exorbitantes e contém em seu bojo cláusulas de cunho obrigatório. Os contratos administrativos não podem ser considerados mera formalidade, devendo ser rigorosamente cumpridos e formalmente editados pelos órgãos da Administração Pública.

Dessa forma, observamos que as cláusulas exorbitantes, colocam a Administração numa posição de superioridade em relação ao particular. Outrossim, ao mesmo tempo em que essas prerrogativas da Administração a deixam em posição privilegiada em relação ao particular em função do interesse da coletividade, as restrições a que ela deve se submeter limitam suas atividades à sua finalidade e aos seus princípios, em que não sendo observados caracterizam desvio de poder e geram nulidade dos atos praticados pela Administração.

Assim, podemos concluir que os contratos administrativos, celebrados pela Administração Pública Brasileira, possuem diversas regras e detalhes que exigem conhecimentos aprofundados das unidades gerenciais que trabalham em torno das licitações e contratações dos órgãos, tendo em vista as enormes responsabilidades, na fase de formalização desses acordos. Não podemos nos esquecer no entanto, das fases de acompanhamento de execução e fiscalização, desses termos, o que requer por parte da Administração a efetiva capacitação e processo de reciclagem dos servidores envolvidos nessas funções

10. Referências Bibliográficas

BRASIL. Lei n° 8.666, de 21 de junho de 1993. Regulamenta o art. 37, inciso XXI, da Constituição Federal, institui normas para licitações e contratos da Administração Pública e dá outras providências.

BRASIL. Lei n° 10.520, de 17 de julho de 2002. Institui, no âmbito da União, Estados, Distrito Federal e Municípios, nos termos do art. 37, inciso XXI, da Constituição Federal, modalidade de licitação denominada pregão, para aquisição de bens e serviços comuns, e dá outras providências.

Instrução Normativa n° 5, de 25 de maio de 2017, dispõe sobre as regras e diretrizes do procedimento de contratação de serviços sob o regime de execução indireta no âmbito da Administração Pública federal direta, autárquica e fundacional.

JUSTEN FILHO, Marçal. **Comentários à Lei de Licitações e Contratos Administrativos.** São Paulo: Dialética, 2012.

GOUVÊA, Walter Salomão. **Curso de Licitações e Contratos.** Manaus: MMPCURSOS, 2014.

INTENÇÃO DE RECURSO ADMINISTRATIVO NO PREGÃO ELETRÔNICO FEDERAL, SOB O PRISMA DO DECRETO Nº 5.450/2005

Daniel de Sá Barbosa

1. Introdução

Preconiza a nossa Carta Magna Republicana, no seu artigo 5º, inciso LV, que "aos litigantes, em processo judicial ou administrativo, e aos acusados em geral são assegurados o contraditório e ampla defesa, com os meios e recursos a ela inerentes".

Partindo desse princípio, e no que tange à licitação pública, urge para a figura do licitante - que se sentiu preterido em uma disputa licitatória – o direito ao duplo grau de jurisdição no âmbito administrativo.

Assim, este estudo tem por finalidade apresentar a condição sine qua non que o instituto intenção de recurso possui para que se aprecie o mérito do recurso propriamente dito, em sede de pregão eletrônico no âmbito federal. Nesse esteio, serão trazidos, além de bases teóricas, conteúdos empíricos do cotidiano de alguns órgãos pertencentes à esfera federal, visando, dessa forma, corrobora o entendimento jurisprudencial e doutrinário que norteiam a praxe das entidades pertencentes à pessoa política federal da União, no que diz respeito às nuances advindas da intenção recursal.

Sucumbência, Tempestividade, Legitimidade, Interesse e Motivação públicos, também serão objetos de exame, visto tratarem-se de pressupostos recursais no juízo de admissibilidade do recurso administrativo.

Devido a grande celeuma instalada acerca de quais seriam os prazos mínimos e máximos no tocante ao lapso temporal da intenção recursal, também será esse caso objeto de apreciação desta pesquisa, como também a competência da figura do pregoeiro no juízo de admissibilidade do recurso administrativo (análise tão somente dos pressupostos recursais – entenda-se este como a intenção do recurso), bem como o juízo de mérito do recurso propriamente dito.

2. Metodologia

Esta pesquisa, levou em consideração a compreensão do papel substancial dos sujeitos pesquisados como pressuposto básico de metodologias alternativas.

Tais metodologias são vislumbradas - não raras as vezes - de análises qualitativas. Isto posto, surge o conceito: pesquisas qualitativas; metodologias qualitativas, e expressões correlatas. Conceitos aos quais as ciências humanas buscam se balizar em elevado número de pesquisa qualitativa, produzidos pelas descrições.

Portanto, a descrição se concentra em um imperioso papel de relevante importância no desenvolvimento no âmbito da pesquisa qualitativa.

Em razão do exposto, esta pesquisa foi de cunho bibliográfico, reportando-se aos subsídios qualitativos de um estudo analítico alusivo ao tema "Intenção de Recurso Administrativo no Pregão Eletrônico Federal, sob o Prisma do Decreto N. 5.450/2005."

A técnica aplicada teve como fomento a observação não participante, tendo em vista os últimos acontecimentos que trouxeram à tona as diversas dúvidas que permeiam o ambiente licitatório na administração pública federal, ora aqui comentada;

estabeleceu-se, dessa forma, um estudo analítico que possibilitou compreender as diferentes ramificações dos aspectos inerentes ao assunto em epígrafe.

3. Recurso

O eminente doutrinador Jair Eduardo Santana, de maneira categórica – e um tanto simplória, define o conceito da palavra recurso:

> O vocábulo recurso - apontam os dicionários - provém da palavra latina recursos, indicativa da possibilidade de voltar ou do caminho para voltar. Ao se estabelecer a arqueologia da palavra, resgata-se que o verbo recorrer (igualmente proveniente do latim: recurro) indica apropriadamente e ainda na atualidade correr para trás ou retroceder. (SANTANA, p. 340)

Assim, entendemos de maneira bastante simples que a palavra recurso denota uma ideia de retornar a um ponto em que foi proferido determinado juízo de valor, a fim de reanalisar o teor de uma decisão, com a finalidade de verificar se algum direito foi cerceado ou alguma legislação foi infringida.

3.1 Recurso Administrativo

Quando nos deparamos com a palavra "recurso administrativo", de pronto, obviamente, associamos à administração pública. Partindo desse princípio, é imperioso trazer à baila o entendimento doutrinário do duplo grau de jurisdição, assim definido por Marcelo Alexandrino e Vicente Paulo:

> O princípio do duplo grau de jurisdição significa a obrigatoriedade de que exista a possibilidade de uma causa ser reapreciada por um órgão judiciário (ou administrativo, se for o caso de processo administrativo) de instância superior, mediante a interposição de recurso contra a decisão do órgão de instância inferior. Em termos mais simples, significa que devem existir ao menos duas instâncias na via em que corre o processo judicial ou administrativa) e deve haver um recurso à disposição de ambas as partes que implique a devolução da matéria apreciada e decidida em primeira instância a uma segunda instância, que novamente a apreciará e decidirá, podendo confirmar ou modificar a primeira decisão.

Destarte, compreende-se que o referido princípio garante ao indivíduo, que é parte de um processo, que sua lide será apreciada por, no mínimo, dois juízos diferente, o que, em tese, diminui as chances de decisões equivocadas que causem prejuízos à parte litigante.

É de bom alvitre destacar que, não obstante a obrigatoriedade do princípio do duplo grau de jurisdição, quando disposto em normativos legais, o Supremo Tribunal Federal – STF, firmou entendimento de que o referido princípio não é uma garantia constitucional, assim destacado nas palavras de Marcelo Alexandrino e Vicente Paulo:

> A fundamentação do STF para essa decisão repousa no art. 102, I, "b", da Constituição Federal, que outorga competência originária para aquele Tribunal processar e julgar as mais altas autoridades da República (Presidente da República, deputados, senadores etc.), sem possibilidade de recurso por parte dos réus contra a decisão condenatória. Assim, ponderou a Corte Suprema, se a própria Constituição admite a existência de instância única, é porque ela não consagrou o princípio do duplo grau de jurisdição como garantia constitucional do indivíduo.

Desta feita, pondera-se que, em que pese não ser o duplo grau de jurisdição uma garantia constitucional, quando exarado em lei infraconstitucional torna-se uma obrigatoriedade.

É mister destacar os fundamentos constitucionais dispostos em nossa Carta Pretória:

> XXXIV - são a todos assegurados, independentemente do pagamento de taxas:

> a) o direito de petição aos Poderes Públicos em defesa de direitos ou contra ilegalidade ou abuso de poder; (grifamos)
> XXXIII - todos têm direito a receber dos órgãos públicos informações de seu interesse particular, ou de interesse coletivo ou geral, que serão prestadas no prazo da lei, sob pena de responsabilidade, ressalvadas aquelas cujo sigilo seja imprescindível à segurança da sociedade e do Estado;
> LIV - ninguém será privado da liberdade ou de seus bens sem o devido processo legal;
> LV - aos litigantes, em processo judicial ou administrativo, e aos acusados em geral são assegurados o contraditório e ampla defesa, com os meios e recursos a ela inerentes; (BRASIL, 1988). (grifamos)

Nossa Carta Magna traz em seu bojo o amparo constitucional que salvaguarda o direito a qualquer cidadão de interpor recurso aos Poderes Públicos em defesa de direitos ou contra ilegalidade ou abuso de poder, com os meios e recursos a eles inerentes, não obstante, reitera-se, não ser uma garantia contemplada em nossa Carta Excelsa, segundo entendimento já sedimentado de nossa Suprema Corte.

O termo "meios e recursos a eles inerentes", destacado no inciso LV da Carta Maior, é um tanto vasto, e está intrinsecamente ligado ao inciso XXXIII, supra, haja vista que para elaborar qualquer peça recursal é necessário que todas as informações, de cunho imprescindíveis, estejam à disposição daquele que, supostamente, teve seu direito preterido.

É imperioso destacar que um juízo de valor que deu azo a determinada decisão pode ser revisto, independentemente de interposição de recurso. Nessa vereda o Supremo Tribunal Federal editou a Súmula vinculante 473:

> A administração pode anular seus próprios atos, quando eivados de vícios que os tornam ilegais, porque dêles não se originam direitos; ou revogá-los, por motivo de conveniência ou oportunidade, respeitados os direitos adquiridos, e ressalvada, em todos os casos, a apreciação judicial.

A doutrina administrativista classifica a citada prerrogativa da administração pública como: o Princípio da autotutela administrativa, isto é, a administração não necessariamente precisa ser provocada para rever seus próprios atos, podendo, assim, agir de ofício, seja revogando por juízo de conveniência e oportunidade (o chamado mérito administrativo), seja anulando – este quando eivados de vícios de legalidade, ressalvado, em todos os casos, a apreciação judicial.

É imprescindível ressaltar o excerto "[...] e ressalvada, em todos os casos, a apreciação judicial". Tal destaque, vale ressaltar, faz alusão a juízo de legitimidade, e não de conveniência e oportunidade, uma vez que o judiciário não adentra a seara de mérito da administração, salvo, repise-se, quando tal conduta estiver eivada de vício de legalidade, caso em que será anulada.

Nessa senda, é de bom alvitre trazer à luz a doutrina de José dos Santos Carvalho Filho:

> O exercício da autotutela administrativa *ex officio*, quer de legalidade, quer de mérito, é o corolário regular e natural dos poderes da Administração, de modo que, a princípio, poderão ser anulados e revogados atos por iniciativa do Poder Público.

Assim, resta patente a prerrogativa da administração em agir de ofício anulando seus próprios atos, quando ilegais, e revogando-os, quando inoportunos e inconvenientes.

3.2. Recurso Administrativo no Pregão Eletrônico

Com o advento do Decreto Federal nº 5.450, de 31 de maio de 2005, que regulamenta o pregão, na forma eletrônica, para aquisição de bens e serviços, a licitação ganhou mais praticidade. Nesse limiar, citamos como exemplo a intenção de recurso, bem como o recurso propriamente dito, que podem ser interpostos eletronicamente, independentemente da localidade onde o licitante estiver operando o pregão.

Ao passo que a administração pública ganha mais celeridade na aquisição de bens e serviços licitados, por outro lado, também, os licitante reduzem seus custos que outrora eram elevados com traslados de funcionários que muitas das vezes tinham que ir a outros estados participar de certames licitatórios, que em muitos dos casos eram divididos em várias sessões até o seu desfecho final.

3.2.1 Pressupostos Objetivos do Recurso

Consoante o Comentário ao Sistema Legal Brasileiro de Licitações e Contratos Administrativos exarado pela Nova Dimensão Jurídica – NDJ, para ser processado o recurso há de se verificar, preliminarmente, a presença de pressupostos objetivos, obrigatórios em qualquer recurso. São eles:

> 1.   Sucumbência, mediante decisão formal administrativa, no caso a declaração do vencedor pelo pregoeiro.
> 2.   Tempestividade - interposição no prazo legalmente estabelecido.
> 3.   Legitimidade – exercício do direito subjetivo do licitante assegurado pela lei e regulamento.
> 4.   Interesse – Pretensão de alcançar a revisão da decisão original.
> 5.   Motivação – demonstração de sua inconformidade devidamente explicitada e fundamentada, nos termos da lei.

Decerto, depreende-se que para um recurso ser aceito, seja na esfera administrativa ou judicial, não obstante estarmos tratando especificamente de recurso no âmbito administrativo na modalidade de pregão eletrônico, há de ser ponderado a existência compulsória dos referidos pressupostos, em que pese o juízo de admissibilidade.

3.2.2. Intenção Recursal

Ao elaborar o teor do artigo 26, do Decreto nº 5.450/2005, é nítida a intenção do legislador:

> Art. 26. Declarado o vencedor, qualquer licitante poderá, durante a sessão pública, de forma imediata e motivada, em campo próprio do sistema, manifestar sua intenção de recorrer, quando lhe será concedido o prazo de três dias para apresentar as razões de recurso, ficando os demais licitantes, desde logo, intimados para, querendo, apresentarem contra-razões em igual prazo, que começará a contar do término do prazo do recorrente, sendo-lhes assegurada vista imediata dos elementos indispensáveis à defesa dos seus interesses.)

Pressupõe-se, em cognição preliminar, que as entidades da administração direta e indireta vinculadas à União, que realizam pregões eletrônicos sob a égide do decreto supra, estão obrigadas – no que diz respeito à fase recursal – preliminarmente, verificar, término à fase de habilitação, se as licitantes manifestarem suas intenções em recorrer, visto que somente as licitantes que manifestam suas intenções de recurso terão o seu mérito analisado. Assim, destacamos a redação do § 1º, do art. 26, do decreto em comento:

> § 1o A falta de manifestação imediata e motivada do licitante quanto à intenção
> de recorrer, nos termos do caput, importará na decadência desse direito, ficando
> o pregoeiro autorizado a adjudicar o objeto ao licitante declarado vencedor.

Desse modo, nota-se que não basta a licitante manifestar simplesmente a vontade em recorrer, esta também tem de estar motivada.

Nesse diapasão, é imperioso trazer à luz o entendimento do eminente administrativista Marçal Justen Filho:

> Reputa-se que o pregoeiro poderia indeferir liminarmente recurso em que o
> licitante apenas manifesta sua insatisfação, sem expor razões ou fundamentos
> que justifiquem a necessidade de revisão do ato administrativo. Como também
> poderia produzir o indeferimento de recurso intempestivo

Nessa senda, chama atenção acontecimento ocorrido no Pregão eletrônico nº 12/2017, promovido pela Superintendência da Zona Franca de Manaus – SUFRAMA, autarquia federal vinculada ao Ministério da Indústria Comércio e Serviços. O referido pregão eletrônico tinha como objeto a contratação de empresa para prestação de serviço de conservação e limpeza. O pregoeiro inabilitou determinada licitante, visto que esta não atendera o período mínimo de experiência requerida pelo instrumento convocatório.

Se sentido preterida a licitante "supostamente prejudicada", na fase de intenção de recurso, escreveu a seguinte motivação:

> Motivo Intenção: Adoto como Relatório o art. 4º, XVIII, da Lei nº 10.520/2002, a
> pretensão de recorrer deve ser manifestada de forma imediata e motivada ao
> final da sessão que declarou o vencedor do certame, sendo-lhe concedido o prazo
> de três dias para a apresentação das razões do recurso. Apresentada a intenção
> de recorrer, cabe ao pregoeiro tão somente avaliar a existência dos pressupostos
> recursais. Será manifestada nosso inconformismo em breve por desclassificar
> esta empresa equivocadamente. (página 12, da ata do pregão eletrônico nº
> 12/2017)

Observa-se que a licitante, de fato, não motivou sua intenção de recurso, transcrevendo tão somente ipsis litteris a redação do art. 4º, inc. XVIII, da Lei nº 10.520/2002, e expressando também seu inconformismo.

Nessa vereda, a douta corte do Tribunal de Contas da União – TCU, já se manifestou sobre tal conduta de cunho supostamente procrastinatório, por meio do Acórdão TCU 1.148/2014 – PLENÁRIO:

> a exigência de motivação da intenção de recurso **pressupõe a indicação do
> ponto que deve ser revisto, segundo a concepção de quem recorre.** Requer que
> se aponte de maneira específica quais preceitos legais ou quais regras do edital
> teriam sido efetivamente infringidos. (grifos)

Nessa esteira, o pregoeiro do referido órgão rejeitou a intenção do recurso, com os seguintes dizeres:

> Motivo Aceite ou Recusa: REJEITO A INTENÇÃO DE RECURSO DO LICITANTE,
> vez que lhe falta MOTIVAÇÃO; nos termos do subitem 11.2.2 do Edital,
> consubstanciado com Art. 26, §1º, do Decreto 5.450/2005, coaduna, também,
> com o ACÓRDÃO TCU 1.148/2014 PLENÁRIO: "a exigência de motivação da
> intenção de recurso pressupõe a indicação do ponto que deve ser revisto,
> segundo a concepção de quem recorre. Requer que se aponte de maneira
> especifica quais preceitos legais ou quais regras do edital teriam sido
> efetivamente infringidos". (página 12, da ata do pregão eletrônico nº 12/2017)

Assim sendo, inconformada com a rejeição do seu recurso pelo pregoeiro, à licitante impetrou mandado de segurança, sob o processo nº 1001238-79.2017.4.01.3200, 3º Vara Federal Cível da SJAM:

> Dessa forma, não resta outra alternativa a Impetrante, senão impetrar o presente MANDADO DE SEGURANÇA, pois entende que a autoridade coatora agiu de forma arbitrária e ilegal ao não aceitar o seu recurso administrativo com a finalidade de cumprir um requisito meramente formal do edital [...].

Isto posto, analisando os fatos, o magistrado indeferiu o pedido de liminar, haja vista não se encontrar presente o pressuposto da motivação do licitante concernente à sua intenção de recorrer:

> Pois bem, diante das justificativas da Autoridade Coatora, tenho por ausente a verossimilhança do direito a autorizar a liminar pretendida. Ademais, estamos reverenciando o princípio da legitimidade dos atos administrativos, cujo questionamento judicial e sua eventual cassação pressupõe flagrante ilegalidade, o que não antevejo no caso concreto. Ante o exposto, indefiro o pedido liminar. (3º Vara Federal Cível da SJAM)

Infere-se que, trazer à tona casos concretos de acontecimentos corriqueiro dos mais variados órgãos que operam pregão eletrônico sob o prisma do Decreto nº 5.450/2005, é bastante salutar e corrobora substancialmente no conhecimento empírico do controle da legalidade que está sendo adotado pelo judiciário brasileiro.

Noutro giro, é de bom tom também destacar, à guisa da jurisprudência do Tribunal de Contas União – TCU, que ainda existem condutas equivocadas por parte da administração, representada em seus atos pela figura do pregoeiro, no tocante à intenção recursal. Nessa esteira, cabe aduzir acontecimento ocorrido no Pregão Eletrônico 12/2014, promovido pelo Instituto Federal do Amazonas – IFAM, no qual o pregoeiro do certame rejeitou, de pronto, a intenção de recurso motivadas de licitantes, confira-se excerto do ACÓRDÃO Nº 2316/2015 – TCU – Plenário:

> 9.2.   No que se refere às alegações trazidas pela empresa Limpamais Serviços de Limpeza Ltda. – EPP, observou-se que eram em essência idênticas aos fatos já tratados nos autos. O que se pôde destacar como diferente foi a demonstração de que pregoeiro aceitou que algumas empresas efetuassem mais de três correções nas suas propostas, o que contraria o item 7.2 do edital do certame, mas que se constitui de mera falha formal, e finalmente que <u>o pregoeiro negou de pronto a intenção de recorrer de algumas empresas, sendo que tais intenções de recurso encontravam-se devidamente motivadas. Portanto, a negativa das intenções de recurso, adentrando desde logo na análise do mérito, contraria o disposto no inciso XVIII do art. 4º da Lei 10.520/2002 e art. 26 do Decreto 5.450/2005, além de firme jurisprudência dessa Corte</u> (e.g. Acórdãos 1.542/2014-TCU-Plenário, 1.615/2013-TCU-Plenário, 2.766/2012-TCU-1ª Câmara, 518/2012-TCU-Plenário e 169/2012-TCU-Plenário). (grifou-se)
> [...]
> 9.3. dar ciência ao Instituto Federal de Educação, Ciência e Tecnologia do Amazonas – Ifam da constatação das seguintes irregularidades no pregão eletrônico 12/2014:
> [...]
> 9.3.3. <u>rejeição de pronto de intenções de recurso apresentadas por licitantes, adentrando desde logo no mérito, em afronta ao inciso XVIII do art. 4º da Lei 10.520/2002 e ao art. 26 do Decreto 5.450/2005, além da jurisprudência desta Corte</u>; (grifou-se)

Veja-se, com supedâneo no excerto supramencionado, que o pregoeiro não deve adentrar no mérito da intenção de recurso, emitindo de pronto um juízo de valor extemporâneo, uma vez que nessa fase há apenas de ser verificado os pressupostos recursais, isto é: sucumbência, tempestividade, legitimidade, o interesse e a motivação, realizando dessa forma, o pregoeiro, um juízo de admissibilidade, e não de mérito, como o ocorrido no caso retrocitado. Ante o exposto, cabe transcrever trecho do Acórdão TCU 3381/2013 – PLENÁRIO:

> [...] ao realizar o juízo de admissibilidade das intenções de recurso a que se refere o art. 4º, inciso XVIII, da Lei nº 10.520/2002, o art. 11, inciso XVII, do Decreto 3.555/2000 e o art. 26, caput, do Decreto nº 5.450/2005, **o pregoeiro deve verificar apenas a presença dos pressupostos recursais, ou seja, a sucumbência, a tempestividade, a legitimidade, o interesse e a motivação, <u>abstendo-se de analisar, de antemão, o mérito do recurso.</u>** (grifou-se)

3.2.2.1. Prazo para intenção de recurso

Grande celeuma foi instalada em razão de qual seria o prazo legal para a licitante interpor recurso em sede de pregão eletrônico.

O manual do Usuário (parte II, versão 1) do Pregão Eletrônico, em sua página 56, afirma que o prazo final para interposição de intenção de recurso deverá ser de no mínimo 20 (vinte) minutos e no máximo 72 (setenta e duas) horas a contar da hora informada pelo sistema (vide transcrição abaixo):

> Importante:
> Esse prazo final de intenção de recursos deverá ser de no mínimo 20(vinte) minutos e no máximo 72(setenta e duas) horas a contar da hora informada pelo sistema.

Não obstante, o Tribunal de Contas da União – TCU, propugnou o Acórdão 1.237/2008 – Plenário:

> 14. No entanto, consoante asseverou a unidade técnica, conceder um prazo tão curto para esse mister aumenta a possibilidade de que alguma licitante que se sinta prejudicada e queira apresentar recurso seja impedida por fatores técnicos como, por exemplo, a queda da conexão da internet. Ademais, ao permitir que o prazo para registro da intenção de recurso possa ser fixado dentro de um lapso temporal dilatado (20 minutos a 72 horas), o MPOG deixa ao alvedrio do pregoeiro, em cada licitação, a fixação do referido prazo. A meu ver esse grau de subjetividade não é desejável. Dessa forma, proponho recomendar ao citado ministério, como órgão central normativo do SIASG, no qual se insere o Sistema Comprasnet, que avalie a possibilidade de definir um prazo fixo para esse procedimento, a ser amplamente divulgado aos usuários do sistema, de modo a uniformizar os procedimentos relacionados a essa questão no âmbito do pregão eletrônico.

Dessa forma o TCU considerou o prazo de 20 (vinte) minutos muito exíguo, ao passo que considerou dilatado em demasia o lapso temporal compreendido entre o início e o fim da intenção de recorrer, propondo ao então Ministério do Planejamento, Orçamento e Gestão – MPOG, a definição de um prazo fixo para o referido procedimento.

Ante a omissão do MPOG, no tocante à definição de prazo fixo para a intenção de recurso, a corte de contas federal editou o Acórdão 1.990/2008 – Plenário, verbis:

> 9.2. determinar à Secretaria de Administração da Casa Civil da Presidência da República - SA-PR que, em futuras licitações:
> [...]
> 9.2.2. estabeleça como 30 (trinta) minutos o tempo mínimo para a apresentação de recursos por parte dos licitantes, quando da realização de pregões eletrônicos;

À vista do período mínimo para intenção recursal estipulado pelo TCU, o MPOG solicitou que a corte de contas reanalisasse a decisão de estabelecer período mínimo de

30 (trinta) minutos nas intenções de recursos, deliberando o referido tribunal o ACÓRDÃO Nº 1020/2010 – TCU – Plenário:

> 10. Entretanto, parece que uma determinação dessa natureza constitui intervenção indevida na esfera gerencial do Poder Público contratante, especialmente se existe norma estabelecendo que o prazo para apresentação de recursos no pregão eletrônico será fixado entre 20 minutos e 72 horas. Falta fundamento legal para o estabelecimento de prazo mínimo para a apresentação de recursos nos pregões eletrônicos promovidos pelos órgãos jurisdicionados.
>
> 11. Sob outro aspecto, além de faltar fundamento legal para uma determinação pela observância de um prazo mínimo de 30 minutos, a mesma careceria de parâmetro para aferição da razoabilidade. Subjetivando-se o que seria razoável, haveria um sem-fim de questionamentos: ora, se 20 minutos não são razoáveis como um mínimo, mas sim 30 minutos, porque não 35 minutos? Ou então 40 minutos, 25 minutos, ou 1 hora? Até mesmo a diferença de 20 para 30 minutos, em um máximo de 72 horas, seria matematicamente desprezível.

À guisa de conclusão, o relatório do acórdão arremata:

> 9. Da leitura do normativo acima mencionado, denota-se a sua elasticidade e, a nosso ver, a complexidade do objeto licitado é que determinará qual será o prazo razoavelmente adequado para o registro da intenção de recorrer. A despeito de se considerar que o objetivo do pregão eletrônico é o de promover a celeridade nos procedimentos licitatórios, é forçoso ressaltar que a leitura da expressão "de forma imediata" para manifestar a intenção de recorrer deve ter como parâmetro a razoabilidade casuisticamente considerada, não cabendo, portanto, a fixação, por parte do TCU, de um prazo que a norma não se incumbiu de fazê-la.

Assim, o referido acórdão finaliza conhecendo do pedido de reexame, interposto pelo então Ministério do Planejamento, orçamento e Gestão – MPOG, para no mérito dar-lhe provimento, e em consequência, "tornar insubsistentes os itens 9.2.2 e 9.4 do Acórdão nº 1.990/2008-TCU-Plenário."

Em que pese ser discricionário à administração estipular um período de tempo razoável para o licitante interpor a intenção de recurso, obviamente analisando a complexidade do objeto, não é raro encontramos editais federais adotando o mínimo de tempo de 30 (trinta) minutos para interposição de intenção de recurso, haja vista que nas próprias minutas padronizadas pela Advocacia-Geral da União – AGU, está contido, taxativamente, o período mínimo de 30 (trinta) minutos para intenção de recurso, ipsis litteris:

> 11. DOS RECURSOS
>
> 11.1 O Pregoeiro declarará o vencedor e, depois de decorrida a fase de regularização fiscal de microempresa ou empresa de pequeno porte, se for o caso, **concederá o prazo de no mínimo trinta minutos**, para que qualquer licitante **manifeste a intenção de recorrer**, de forma motivada, isto é, indicando contra qual(is) decisão(ões) pretende recorrer e por quais motivos, em campo próprio do sistema. *(Comissão Permanente de Modelos de Licitações e Contratos Administrativos da Consultoria-Geral da União Edital modelo para Pregão Eletrônico: Serviços Contínuos com dedicação de mão de obra exclusiva, Habilitação Completa e Ampla Participação Atualização: Setembro/2017)* (grifou-se)

O que se percebe é que, embora não formal, parecer haver uma convergência subjacente de entendimento entre as entidades que operam pregão eletrônico sob a égide do Decreto nº 5.450/2005, de que o período mínimo costumeiramente utilizado na fase de intenção de recurso é de, no mínimo, 30 (trinta) minutos.

3.2.2.2.Competência De Julgamento Da Intenção De Recurso

No tocante ao juízo de admissibilidade do julgamento da intenção de recurso, parece já estar sedimentado entendimento uníssono de que o pregoeiro é a autoridade competente para julgar a intenção de recurso impetrado por licitante, observando, nesse momento, para tanto, somente a presença dos pressupostos objetivos recursais. In verbis, § 1º, art. 26, do Decreto nº 5.450/2005:

> Art. 11. Caberá ao pregoeiro, em especial
> [...]
> VII - receber, examinar e **decidir os recursos**, encaminhando à autoridade competente quando mantiver sua decisão; (grifou-se)

4. Conclusão

Pelo exposto, resta cediço o entendimento pacífico de que a intenção de recorrer do licitante, em sede de pregão eletrônico - sob a égide do Decreto nº 5.450, de 31 de maio de 2005 – é direito subjetivo inerente àqueles que disputam o seu objeto, e de nenhuma maneira pode esse direito ser cerceado, uma vez atendidos os pressupostos recursais observados no bojo desse artigo, tais como: sucumbência, tempestividade, legitimidade, interesse e motivação.

Nessa senda, cabe aqui repisar que o pregoeiro em nenhuma hipótese pode, de pronto, rejeitar a intenção de recorrer do licitante, uma vez atendidos os pressupostos recursais necessários para o juízo de admissibilidade do recurso, ainda que este – em análise preliminar – não concorde com o teor de tal intenção.

É Imperioso ressaltar que os prazos mínimos e máximos ficam sob a análise da razoabilidade e proporcionalidade aplicada ao caso concreto, discricionário ao pregoeiro do certame (não obstante seja comum a adoção, na maioria dos editais dos órgão federais, o tempo mínimo de 30 (trinta) minutos para que qualquer licitante, após declaração do vencedor do certame pela Administração, manifeste a intenção em recorrer).

Por fim, e entendendo que o espírito da Lei e das Instruções Normativas é de alcançar a finalidade para as quais foram criadas, nota-se a suma importância da arbitragem intervinda pela egrégia Corte de Contas da união - TCU, que tem papel substancial de enxertar, com jurisprudências cabais, as lacunas provenientes das Leis e das Normas, em que pese não usurpar os seus lugares, a fim de resguardar o bem público, bem como de manter a isonomia e a competitividade entre os licitantes, culminando, dessa forma, num ambiente licitatório salutar, tanto para o licitante – que defende seus interesses particulares, como para a Administração – que preza pelo bem e interesse coletivo da sociedade, aplicando os recursos públicos de maneira mais eficiente, eficaz e efetiva.

5. Referências

BRASIL. **Constituição** (1988). **Constituição** da República Federativa do Brasil. Brasília, DF: Senado Federal: Centro Gráfico, 1988. 292 p.

BRASIL. Lei nº 8.429. **Lei de Improbidade Administrativa**. Brasília: Senado, 1992.

JUSTEN FILHO, Marçal. **Curso de direito administrativo**. 11. ed . rev., atual. e ampl. São Paulo: Editora Revista dos Tribunais, 2015.

Direito administrativo descomplicado/ Marcelo Alexandrino, Vicente Paulo. 21. ed. rev. e atual. Rio de Janeiro: Forense; São Paulo: MÉTODO, 2013.

Direito administrativo descomplicado/ Marcelo Alexandrino, Vicente Paulo - 25. ed. rev. e atual. Rio de Janeiro: Forense; São Paulo: MÉTODO, 2017.

Manual de direito administrativo / José dos Santos Carvalho Filho. – 31. ed. rev., atual. e ampl. – São Paulo: Atlas, 2017.

Comentários do sistema legal brasileiro de licitações e contratos administrativos/ coordenação Jessé Torres Pereira Junior. – São Paulo: Editora NDJ, 2016.

STF, Súmula nº 473, Sessão Plenária de 03.12.1969. Disponível em: http://www.stf.jus.br/portal/jurisprudencia/menuSumarioSumulas.asp?sumula=1602

Decreto nº 5.450, de 31 de maio de 2005. **Regulamenta o pregão, na forma eletrônica, para aquisição de bens e serviços comuns, e dá outras providências.** Disponível em: http://www.planalto.gov.br/ccivil_03/_ato2004-2006/2005/decreto/d5450.htm

Pregão Eletrônico nº 12/2017 – Superintendência da Zona Franca de Manaus – SUFRAMA, Disponível em: http://comprasnet.gov.br/acesso.asp?url=/livre/pregao/ata0.asp

BRASIL. **Tribunal de Contas da União. Acórdão nº 2316/2015 - PLENÁRIO.** Relator: Ana Arraes. Pesquisa de Jurisprudência. Disponível em: https://contas.tcu.gov.br/pesquisaJurisprudencia/#/

BRASIL. **Tribunal de Contas da União. Acórdão nº 3381/2013 - PLENÁRIO.** Relator: Valmir Campelo. Pesquisa de Jurisprudência. Disponível em: https://contas.tcu.gov.br/pesquisaJurisprudencia/#/

OUTRAS FORMAS DE COMPRAR E CONTRATAR NA ADMINISTRAÇÃO PÚBLICA QUE NÃO UTILIZA CONTRATO

Clícia Rodrigues Simas Cruz

1. Introdução

A modernização no setor de compras e contratações na Administração Pública Federal Brasileira demanda do agente público uma análise criteriosa para melhor gerenciá-los e controlá-los. Com o objetivo de organizar, sob a forma de sistema, a gestão das atividades de serviços gerais, que compreende a administração de edifícios públicos e imóveis funcionais, material, transporte, comunicações administrativas e documentação do Governo Federal foi criado o Decreto nº 1.094, de 1994, que regulamentou o Sistema de Serviços Gerais – SISG – dos órgãos civis da Administração Pública Federal direta, das autarquias federais e fundações públicas. O Sistema que dá apoio às atividades operacionais do SISG é o Sistema Integrado de Administração de Serviços Gerais – SIASG, instituído pelo art. 7º do Decreto 1.094, de 1994, sua finalidade é integrar os órgãos da Administração Pública Federal direta, autárquica e fundacional e realizar as operações das compras governamentais dos órgãos integrantes do SISG.

Nesse sentido, pretende-se demonstrar como se operacionaliza as formas de aquisição de material ou serviço na base comprasnet do governo federal e explicar cada trâmite que envolve esses processos de aquisição que não necessitam de contrato propriamente dito em sua formalização, portanto, os casos de empenho com garantia de pagamento, sistema de cotação eletrônica de preços, cartão de pagamento do governo federal, suprimento de fundos e sistema de registro de preços são os principais temas abordados neste artigo.

A metodologia utilizada nesse artigo foi um estudo bibliográfico, com base em leis, decretos, normativos, que regulamentam as compras na administração pública brasileira.

2. Empenho Com Garantia De Pagamento

O normativo que dispõe sobre procedimentos relativos à execução de pagamento de pequenas compras e serviços é o Decreto nº 2.439, de 1997. A sistemática de compras e serviços de pequeno valor será adotada nas unidades da Administração Pública Federal que utilizam o Sistema Integrado de Administração Financeira do Governo Federal – SIAFI, na modalidade total, em relação aos fornecedores de pequenas compras e serviços, inscritos no Sistema de Cadastramento Unificado de Fornecedores - SICAF.

Obedecidos aos procedimentos pertinentes, após 72 horas do aceite do bem ou serviço, haverá a emissão da ordem bancária para a quitação da despesa.

O SIAFI será dotado de mecanismos operacionais pela Secretaria do Tesouro Nacional para identificar as notas de empenho sujeitas à sistemática de que trata este Decreto e também para viabilizar o pagamento, mediante a emissão de ordem bancária pelas respectivas unidades gestoras "on-line", dispensando a transferência de recursos da Conta Única do Tesouro Nacional por intermédio dos órgãos Setoriais de Programação Financeira, este caso, aplica-se ao pagamento relativo a serviços de fornecimento de água e esgoto, energia elétrica e comunicações, independentemente do seu valor.

3. Sistema De Cotação Eletrônica De Preços

O Sistema de Cotação Eletrônica de Preços é um sistema integrado ao SIASG, regulamentado pela Portaria/MPOG nº 306, de 2001 que tem como objetivo ampliar a competitividade e racionalizar os procedimentos de aquisição de bens de pequeno valor, por dispensa de licitação, com fundamento no inciso II do art. 24 da Lei nº 8.666, de 1993.

Importante definir alguns conceitos antes do detalhamento de como funciona o Sistema de Cotação Eletrônica de Preços, como base na Portaria supramencionada.

- Bens de Pequeno Valor – aqueles se enquadram na hipótese de dispensa de licitação, prevista no inciso II do art. 24 da Lei nº 8.666, de 1993.

- Comprasnet – Portal de Compras do Governo Federal

A Cotação Eletrônica será regida pelas seguintes regras, de acordo com o art. 6º da Portaria/MPOG nº 306, de 2001.

I - os Pedidos de Cotação Eletrônica de Preços serão divulgados no site www.comprasnet.gov.br e encaminhados, por correspondência eletrônica, para um quantitativo de fornecedores que garantam competitividade, escolhidos de forma aleatória pelo sistema eletrônico, entre aqueles registrados na correspondente linha de fornecimento e que tenham indicado possibilidade de entrega no município onde esteja localizado o Órgão Promotor da Cotação;

II - no Pedido de Cotação Eletrônica de Preços deverão constar a especificação do objeto a ser adquirido, as quantidades requeridas, observados a respectiva unidade de fornecimento, as condições da contratação, o endereço eletrônico onde ocorrerá a cotação eletrônica, a data e horário de sua realização;

III - as referências de horários, no Pedido de Cotação Eletrônica de Preços e durante a sessão pública virtual, observarão o horário de Brasília - DF, o qual será registrado no Sistema e na documentação pertinente;

IV - a participação em cotação eletrônica dar-se-á, exclusivamente, após a digitação da senha privativa do fornecedor e subseqüente encaminhamento, por meio do Sistema, de proposta de preço e de lances, em data e horário previstos no Pedido de Cotação Eletrônica;

V - como requisito para a participação em cotação eletrônica, o fornecedor deverá assinalar, em campo próprio do Sistema:

1. a inexistência de fato impeditivo para licitar e/ou contratar com o Órgão Promotor da Cotação Eletrônica ou com a Administração Pública;

2. o pleno conhecimento e aceitação das presentes regras, das Condições Gerais da Contratação, constantes do Anexo II e do contido no Pedido de Cotação Eletrônica de Preços;

VI - a partir da divulgação do Pedido de Cotação Eletrônica de Preços terá início a sessão pública virtual de cotação com a recepção de propostas de preço, qualquer que seja o valor ofertado, exclusivamente, por meio do Sistema, vedada a apresentação de proposta em papel;

VII - a partir do registro da sua proposta no Sistema, os fornecedores participantes terão conhecimento do menor valor ofertado até o momento e poderão formular lances de menor valor, sendo informados, imediatamente, sobre o seu recebimento com a indicação do respectivo horário e valor;

VIII - só serão aceitos novos lances, cujos valores forem inferiores ao do último lance registrado no Sistema;

IX - durante o transcurso da sessão pública virtual de cotação eletrônica, os fornecedores participantes serão informados, em tempo real, do valor do menor lance que tenha sido apresentado pelos demais participantes, vedada a identificação do detentor do lance;

X - a etapa de lances da cotação eletrônica será encerrada a qualquer instante após apresentação de aviso de fechamento iminente, observado o período de tempo máximo de trinta minutos, aleatoriamente determinado pelo Sistema;

XI - imediatamente após o encerramento da cotação eletrônica, o Sistema divulgará a classificação, indicando as propostas ou lances de menor valor, até o máximo de cinco.

Ao final, o fornecedor melhor classificado será considerado vencedor, sendo-lhe adjudicado o objeto da cotação, desde que sua proposta atenda as especificações do objeto. O fornecedor que não mantiver a proposta, falhar ou fraudar a execução do fornecimento, estará sujeito às sanções previstas na Lei nº 8.666, de 1993, sem prejuízo do eventual cancelamento da Nota de Empenho.

Por fim, a sessão pública virtual de cotação eletrônica será controlada exclusivamente pelo Sistema.

4. Cartão De Pagamento Do Governo Federal

O Cartão de Pagamento do Governo Federal – CPGF é o instrumento de pagamento, emitido em nome da Unidade Gestora, com características de cartão corporativo, operacionalizado por instituição financeira autorizada, utilizado exclusivamente pelo Portador nele identificado, nos casos indicados em ato próprio da autoridade competente.

O regulamento que ampara o uso do CPGF é o Decreto nº 5.355, de 2005 e a Portaria nº 41/MPOG, de 2005. O CPGF foi desenvolvido para facilitar o dia-a-dia da administração pública e de seus servidores para pagamento de bens, serviços e despesas autorizadas.

Permite total acompanhamento das despesas realizadas com os recursos do Governo, facilita a prestação de contas e confere maior segurança às operações.

Segundo o art. 4º da Portaria nº 41/MPOG, de 2005, a utilização do cartão poderá ocorrer nos casos abaixo.

I - aquisição de materiais e contratação de serviços de pronto pagamento e de entrega imediata enquadrados como suprimento de fundos, observadas as disposições contidas nos arts. 45, 46 e 47 do Decreto nº 93.872, de 23 de dezembro de 1986, e regulamentação complementar;

II - pagamento às empresas prestadoras de serviço de cotação de preços, reservas e emissão de bilhetes de passagens, desde que previamente contratadas; e

III - pagamento de diária de viagem a servidor, destinada às despesas extraordinárias com pousada, alimentação e locomoção urbana, conforme os valores estabelecidos em legislação específica, bem como do adicional para cobrir as despesas de deslocamento até o local de embarque e do desembarque ao local de trabalho ou de hospedagem e vice-versa.

O público-alvo do cartão são as unidades gestoras dos órgãos da administração pública direta, autárquica e fundacional. Outras entidades integrantes do orçamento fiscal e da seguridade social também poderão utilizar o cartão corporativo, conforme o Decreto nº 5.355, de 2005.

Os serviços e benefícios para as unidades, de acordo com o Manual do Cartão de Pagamento do Governo Federal, extraído do site do tesouro.fazenda.gov.br, são os seguintes:

• Acesso on-line à movimentação dos Cartões: pelo Auto-Atendimento Setor Público do Banco do Brasil pode ser efetuado eficaz gerenciamento dos Cartões de Pagamento do Governo Federal, com emissão de extratos, alteração de limites dos portadores de cartões, emissão de segunda via de fatura, etc;

• Controle detalhado do suprimento de fundos: a possibilidade de atribuir limites diário, semanal e mensal para cada portador do Cartão e o fornecimento de informações detalhadas permitem o monitoramento dessas despesas, bem como o cumprimento, por parte dos servidores, das políticas fixadas pela Unidade Gestora;

• Informações em meio eletrônico: a Unidade Gestora tem acesso às informações sobre os gastos efetuados com os Cartões, mediante transferência eletrônica de arquivos;

• Demonstrativos mensais: a Unidade Gestora pode escolher várias modalidades de relatórios mensais, disponíveis em papel ou meio eletrônico, com informações
detalhadas por Centro de Custos (subdivisão gerencial de controle), Unidades de Faturamento (subdivisão de pagamento), tipos de gastos, fornecedor ou portador;

• Fatura: pode ser consultada no Auto-Atendimento Setor Público a partir do dia 04, sendo também enviada pelo correio à Unidade Gestora, contendo todas as informações consolidadas sobre as transações realizadas;

• Pagamentos: o pagamento da fatura é realizado até o dia 10 (não passível de alteração), ou no dia útil imediatamente posterior, mediante emissão de Ordem Bancária – OB. Os saques realizados pelos portadores são liquidados diretamente na Conta Única da União. O produto não permite crédito rotativo ou parcelamento de compras;

• Saques: possibilidade de efetuar saques nos terminais de auto-atendimento do Banco do Brasil;

• Teto de saque: R$ 1 mil/dia para cada portador nos Terminais de Auto-Atendimento BB. Diariamente, a Secretaria do Tesouro Nacional informará ao Banco do Brasil o teto de saque permitido para cada Unidade Gestora, dentro do limite máximo dos terminais, com base nos empenhos efetuados;

• Opção de faturamento individualizado: consolida as despesas de um portador;

• Opção de faturamento centralizado: a Unidade Gestora recebe extrato detalhado de todas as despesas realizadas por um grupo de portadores de uma mesma unidade de faturamento.

O ordenador de despesa da unidade gestora, designará o portador identificado do CPGF, o qual responderá pela sua guarda, pelo uso pessoal e intransferível do cartão e também pela prestação de contas.

5. Pagamento De Despesas Por Meio De Suprimento De Fundos

O suprimento de fundos, com base no Decreto nº 93.872, de 1986, é uma autorização de execução orçamentária e financeira por uma forma diferente da normal, tendo como meio de pagamento o cartão de pagamento do governo federal, trata-se de adiantamento concedido a servidor, a critério e sob a responsabilidade do Ordenador de Despesas, com prazo certo para aplicação e comprovação dos gastos.

Na execução da despesa por Suprimentos de Fundos deve ser observado que o que diferencia das demais formas de execução de despesa é o empenho feito em nome do servidor, o adiantamento da quantia a ele e a inexistência de obrigatoriedade de licitação, porém a realização dessas despesas devem seguir os princípios que regem a Administração Pública, como a legalidade, a impessoalidade, a moralidade, a publicidade e a eficiência e ainda os princípios da isonomia e da aquisição mais vantajosa para a Administração.

A concessão do suprimento de fundos, apesar do seu caráter de excepcionalidade, observa os três estágios da despesa: empenho, liquidação e pagamento.

De acordo com o Decreto nº 93.872, de 1986 as despesas por meio de Suprimento de Fundos devem observar as seguintes condições.

I - para atender despesas eventuais, inclusive em viagens e com serviços especiais, que exijam pronto pagamento;

II - quando a despesa deva ser feita em caráter sigiloso, conforme se classificar em regulamento; e

III - para atender despesas de pequeno vulto, assim entendidas aquelas cujo valor, em cada caso, não ultrapassar limite estabelecido em Portaria do Ministro da Fazenda.

O prazo de aplicação do suprimento é de até 90 dias, contados da assinatura do ato de concessão. Para a prestação de contas do suprimento de fundos, o prazo é de até 30 dias, contado a partir do término do prazo de aplicação, ou seja, dispõe de até 90 dias para aplicar e mais 30 para prestar contas, totalizando até 120 dias.

6. Sistema De Registro De Preços

6.1. Conceitos e Definições

O Sistema de Registro de Preços – SRP é um conjunto de procedimentos para registro formal de preços relativos à prestação de serviços e aquisição de bens, para contratações futuras, de acordo com o Decreto nº 7.892, de 2013.

Algumas definições são importantes para o entendimento deste procedimento, de acordo com o Decreto nº 7.892, de 2013.

> I - Sistema de Registro de Preços - conjunto de procedimentos para registro formal de preços relativos à prestação de serviços e aquisição de bens, para contratações futuras;
> II - ata de registro de preços - documento vinculativo, obrigacional, com característica de compromisso para futura contratação, em que se registram os preços, fornecedores, órgãos participantes e condições a serem praticadas, conforme as disposições contidas no instrumento convocatório e propostas apresentadas;
> III - órgão gerenciador - órgão ou entidade da administração pública federal responsável pela condução do conjunto de procedimentos para registro de preços e gerenciamento da ata de registro de preços dele decorrente;
> IV - órgão participante - órgão ou entidade da administração pública que participa dos procedimentos iniciais do Sistema de Registro de Preços e integra a ata de registro de preços;
> V - órgão não participante - órgão ou entidade da administração pública que, não tendo participado dos procedimentos iniciais da licitação, atendidos os requisitos desta norma, faz adesão à ata de registro de preços.
> VI - compra nacional - compra ou contratação de bens e serviços, em que o órgão gerenciador conduz os procedimentos para registro de preços destinado à execução descentralizada de programa ou projeto federal, mediante prévia indicação da demanda pelos entes federados beneficiados; e
> VII - órgão participante de compra nacional - órgão ou entidade da administração pública que, em razão de participação em programa ou projeto federal, é contemplado no registro de preços independente de manifestação formal.

Os casos de Inexigibilidade de Licitação em que os valores não ultrapassem os limites com fundamento no Art. 24, I ou II, da Lei n 8.666, de 1993 não se faz obrigatória a manifestação da consultoria jurídica, conforme a Orientação Normativa nº 46 de 26 de fevereiro de 2014 da Advocacia Geral da União – AGU Manual de Procedimentos para Aquisição de Bens e Contratação de Serviços – MDS.

Os preços são formalmente registrados em Ata para publicação na imprensa, sendo a Ata de Registro de Preços documento vinculativo, obrigacional, com características de compromisso para futura contratação, onde se registram os preços, os fornecedores, órgãos participantes e condições praticadas.

O SRP não é uma modalidade de licitação como aquelas previstas no art. 22 da Lei nº 8.666, de 1993 e no art. 1º da Lei nº 10.520, de 2002. Segundo consta do art. 3º do Decreto nº 7.892, de 2013, o SRP poderá ser utilizado nas seguintes hipóteses:

> I - quando, pelas características do bem ou serviço, houver necessidade de contratações frequentes;
> II - quando for conveniente a aquisição de bens com previsão de entregas parceladas ou contratação de serviços remunerados por unidade de medida ou em regime de tarefa;
> III - quando for conveniente a aquisição de bens ou a contratação de serviços para atendimento a mais de um órgão ou entidade, ou a programas de governo; ou

IV - quando, pela natureza do objeto, não for possível definir previamente o quantitativo a ser demandado pela Administração.

De acordo com o disposto no art. 17, do Decreto nº 7.892/13 ..."os preços registrados poderão ser revistos em decorrência de eventual redução dos preços praticados no mercado ou de fato que eleve o custo dos serviços ou bens registrados, cabendo ao órgão gerenciador promover as negociações junto aos fornecedores, observadas as disposições contidas na alínea "d" do inciso II do caput do art. 65 da Lei nº 8.666, de 1993."

A aquisição/contratação só é realizada quando convier aos órgãos/entidades constantes da Ata. No entanto, é importante destacar que a Administração Pública não é obrigada a contratar quaisquer dos itens registrados, sendo essa, uma característica peculiar do SRP. Outra característica do SRP nas contratações públicas é a desnecessidade de indicação de recursos orçamentários no edital de licitação, que é exigível apenas antes da efetivação da aquisição/contratação.

Já em relação aos prazos e vigência da ata, o disposto no art. 12 do Decreto nº 7.892/13 descreve:

> Art. 12. O prazo de validade da ata de registro de preços não será superior a doze meses, incluídas eventuais prorrogações, conforme o inciso III do § 3º do art. 15 da Lei nº 8.666, de 1993.
>
> § 1º É vedado efetuar acréscimos nos quantitativos fixados pela ata de registro de preços, inclusive o acréscimo de que trata o § 1º do art. 65 da Lei nº 8.666, de 1993.
>
> § 2º A vigência dos contratos decorrentes do Sistema de Registro de Preços será definida nos instrumentos convocatórios, observado o disposto no art. 57 da Lei nº 8.666, de 1993.
>
> § 3º Os contratos decorrentes do Sistema de Registro de Preços poderão ser alterados, observado o disposto no art. 65 da Lei nº 8.666, de 1993.
>
> § 4º O contrato decorrente do Sistema de Registro de Preços deverá ser assinado no prazo de validade da ata de registro de preços.

6.2 Intenção de Registro de Preços – IRP

Conforme preceitua o art. 4º do Decreto nº 7.892, de 2013, "o procedimento de Intenção de Registro de Preços - IRP será operacionalizado por módulo do Sistema de Administração e Serviços Gerais – SIASG, que deverá ser utilizado pelos órgãos e entidades integrantes do Sistema de Serviços Gerais – SISG, para registro e divulgação dos itens a serem licitados...".

Ao órgão gerenciador da IRP caberá, dentre outras tratativas, estabelecer, quando for o caso, o número máximo de participantes da IRP em conformidade com sua capacidade de gerenciamento

Os órgãos e entidades integrantes do SISG devem se cadastrar no módulo IRP e inserir a linha de fornecimento e de serviços de seu interesse para receberem informações a respeito das IRPs disponíveis no Portal de Compras do Governo Federal – Comprasnet.

6.3 Da Licitação para Registro de Preços

A licitação para registro de preços será realizada na modalidade de concorrência, do tipo menor preço, nos termos da Lei nº 8.666, de 1993, ou na modalidade de pregão, nos termos da Lei nº 10.520, de 2002, e será precedida de ampla pesquisa de mercado.

O edital de licitação para registro de preços observará o disposto nas Leis nº 8.666, de 1993, e nº 10.520, de 2002, e contemplará, no mínimo:

> I - a especificação ou descrição do objeto, que explicitará o conjunto de elementos necessários e suficientes, com nível de precisão adequado para a

caracterização do bem ou serviço, inclusive definindo as respectivas unidades de medida usualmente adotadas;

II - estimativa de quantidades a serem adquiridas pelo órgão gerenciador e órgãos participantes;

III - estimativa de quantidades a serem adquiridas por órgãos não participantes, observado o disposto no § 4º do art. 22, no caso de o órgão gerenciador admitir adesões;

IV - quantidade mínima de unidades a ser cotada, por item, no caso de bens;

V - condições quanto ao local, prazo de entrega, forma de pagamento, e nos casos de serviços, quando cabível, frequência, periodicidade, características do pessoal, materiais e equipamentos a serem utilizados, procedimentos, cuidados, deveres, disciplina e controles a serem adotados;

VI - prazo de validade do registro de preço, observado o disposto no caput do art. 12;

VII - órgãos e entidades participantes do registro de preço;

VIII - modelos de planilhas de custo e minutas de contratos, quando cabível;

IX - penalidades por descumprimento das condições;

X - minuta da ata de registro de preços como anexo; e

XI - realização periódica de pesquisa de mercado para comprovação da vantajosidade.

Após o encerramento da etapa competitiva, os licitantes poderão reduzir seus preços ao valor da proposta do licitante mais bem classificado, a apresentação dessas propostas não prejudicará o resultado do certame em relação ao licitante mais bem classificado.

6.4 Do Registro de Preços e da Validade da ATA

Após homologada a licitação, o registro de preços observará, as condições trazidas pelo art. 11 do Decreto nº 7.892, de 2013, transcritas abaixo.

I - serão registrados na ata de registro de preços os preços e quantitativos do licitante mais bem classificado durante a fase competitiva;

II - será incluído, na respectiva ata na forma de anexo, o registro dos licitantes que aceitarem cotar os bens ou serviços com preços iguais aos do licitante vencedor na sequência da classificação do certame, excluído o percentual referente à margem de preferência, quando o objeto não atender aos requisitos previstos no art. 3º da Lei nº 8.666, de 1993;

III - o preço registrado com indicação dos fornecedores será divulgado no Portal de Compras do Governo Federal e ficará disponibilizado durante a vigência da ata de registro de preços; e

IV - a ordem de classificação dos licitantes registrados na ata deverá ser respeitada nas contratações.

O prazo de validade da ata de registro de preços não será superior a doze meses, incluídas eventuais prorrogações, conforme o inciso III do § 3º do art. 15 da Lei nº 8.666, de 1993.

6.5 Da assinatura da ATA e da contratação com fornecedores registrados

De acordo com o dispositivo do Decreto nº 7.892, de 2013 o qual informa, que após homologado o resultado da licitação, o fornecedor mais bem classificado será convocado para assinar a ata de registro de preços, no prazo e nas condições estabelecidos no instrumento convocatório, podendo o prazo ser prorrogado uma vez, por igual período, quando solicitado pelo fornecedor e desde que ocorra motivo justificado aceito pela administração. É facultado à administração, quando o convocado não assinar a ata de registro de preços no prazo e condições estabelecidos, convocar os licitantes remanescentes, na ordem de classificação, para fazê-lo em igual prazo e nas mesmas condições propostas pelo primeiro classificado.

A ata de registro de preços implicará compromisso de fornecimento nas condições estabelecidas, após cumpridos os requisitos de publicidade e que se houver recusa injustificada de fornecedor classificado em assinar a ata, dentro do prazo estabelecido neste artigo, ensejará a aplicação das penalidades legalmente estabelecidas.

A contratação com os fornecedores registrados será formalizada pelo órgão interessado por intermédio de instrumento contratual, emissão de nota de empenho de despesa, autorização de compra ou outro instrumento hábil, conforme o art. 62 da Lei nº 8.666, de 1993.

Por fim, a existência de preços registrados não obriga a administração a contratar, facultando-se a realização de licitação específica para a aquisição pretendida, assegurada preferência ao fornecedor registrado em igualdade de condições.

6.6 Da revisão e do cancelamento de preços registrados

Observadas as disposições contidas na alínea "d" do inciso II do caput do art. 65 da Lei nº 8.666, de 1993, os preços registrados poderão ser revistos em decorrência de eventual redução dos preços praticados no mercado ou de fato que eleve o custo dos serviços ou bens registrados, cabendo ao órgão gerenciador promover as negociações junto aos fornecedores.

Conforme consta no art. 18 do Decreto nº 7.892, de 2013, "quando o preço registrado tornar-se superior ao preço praticado no mercado por motivo superveniente, o órgão gerenciador convocará os fornecedores para negociarem a redução dos preços aos valores praticados pelo mercado."

Quanto ao cancelamento do registro do fornecedor será feito nas seguintes hipóteses:

I - descumprir as condições da ata de registro de preços;

II - não retirar a nota de empenho ou instrumento equivalente no prazo estabelecido pela Administração, sem justificativa aceitável;

III - não aceitar reduzir o seu preço registrado, na hipótese deste se tornar superior àqueles praticados no mercado; ou

IV - sofrer sanção prevista nos incisos III ou IV do caput do art. 87 da Lei nº 8.666, de 1993, ou no art. 7º da Lei nº 10.520, de 2002.

O cancelamento do registro de preços poderá ocorrer por fato superveniente, decorrente de caso fortuito ou força maior, que prejudique o cumprimento da ata, devidamente comprovados e justificados por razão de interesse público ou a pedido do fornecedor.

6.7 Da utilização da ATA de Registro de Preços por órgão ou entidades não participantes

Em atendimento ao disposto no Decreto nº 7.892, de 2013, a ata de registro de preços, durante sua vigência, poderá ser utilizada por qualquer órgão ou entidade da administração pública federal que não tenha participado do certame licitatório, mediante anuência do órgão gerenciador, desde que devidamente justificada a vantagem. Aqueles órgãos e entidades que não participaram do registro de preços, quando desejarem fazer uso da ata de registro de preços, deverão consultar o órgão gerenciador da ata para manifestação sobre a possibilidade de adesão.

Outra informação relevante é que caberá ao fornecedor beneficiário da ata de registro de preços, observadas as condições nela estabelecidas, optar pela aceitação ou não do fornecimento decorrente de adesão, desde que não prejudique as obrigações presentes e futuras decorrentes da ata, assumidas com o órgão gerenciador e órgãos participantes.

As aquisições ou contratações adicionais a que se refere este artigo não poderão exceder, por órgão ou entidade, a cem por cento dos quantitativos dos itens do instrumento convocatório e registrados na ata de registro de preços para o órgão gerenciador e órgãos participantes.

Compete ao órgão não participante os atos relativos à cobrança do cumprimento pelo fornecedor das obrigações contratualmente assumidas e a aplicação, observada a ampla defesa e o contraditório, de eventuais penalidades decorrentes do descumprimento de cláusulas contratuais, em relação às suas próprias contratações, informando as ocorrências ao órgão gerenciador.

7. Conclusão

Tendo em vista que o levantamento bibliográfico demonstrou que além dos contratos administrativos, existem outras formas de aquisições que não utilizam contrato e que são formas mais rápidas e eficientes para os casos específicos determinados em legislação.

Nota-se no estudo, que para as compras com baixo valor, ou que não demandem o trâmite normal licitatório, a administração pública e os gestores devem se ater aos princípios que norteiam a administração, como o princípio da legalidade, da moralidade, da imparcialidade, da publicidade, bem como os princípios da economicidade e da eficiência nos gastos públicos.

Observa-se na legislação que mesmo sendo processos mais ágeis, por não possuírem obrigatoriedade de contrato, as compras precisam ser planejadas, para não haver fracionamento de despesas, que geralmente é feito por meio do processo de dispensa para compras de pequeno valor.

Por fim, o presente estudo mostrou que o agente responsável pelas compras, bem como quem aprova essas aquisições na administração pública, devem seguir a legislação atinente ao objeto que se pretende adquirir e instruir os processos com a maior transparência, sempre atendendo aos dispositivos legais.

8. Referências Bibliográficas

BRASIL. Decreto nº 93.872, de 23 de dezembro de 1986. Dispõe sobre a unificação dos recursos de caixa do Tesouro Nacional, atualiza e consolida a legislação pertinente e dá outras providências.

BRASIL. Decreto nº 1.094, 23 de março de 1994. Regulamenta o Sistema de Serviços Gerais – SISG – dos órgãos civis da Administração Pública Federal direta, das autarquias federais e fundações públicas.

BRASIL. Decreto nº 2.439, de 23 de dezembro de 1997. Dispõe sobre procedimentos relativos à execução de pagamento de pequenas compras e dá outras providências.

BRASIL. Decreto nº 5.355, de 25 de janeiro de 2005. Dispõe sobre a utilização do Cartão de Pagamento do Governo Federal - CPGF, pelos órgãos e entidades da administração pública federal direta, autárquica e fundacional, para pagamento de despesas realizadas nos termos da legislação vigente, e dá outras providências.

BRASIL. Decreto nº 7.892, de 23 de janeiro de 2013. Regulamenta o Sistema de Registro de Preços previsto no art. 15 da Lei nº 8.666, de 21 de junho de 1993.

BRASIL. Lei nº 8.666, de 21 de junho de 1993. Regulamenta o art. 37, inciso XXI, da Constituição Federal, institui normas para licitações e contratos da Administração Pública e dá outras providências.

BRASIL. Lei nº 10.520, de 17 de julho de 2002. Institui, no âmbito da União, Estados, Distrito Federal e Municípios, nos termos do art. 37, inciso XXI, da Constituição Federal, modalidade de licitação denominada pregão, para aquisição de bens e serviços comuns, e dá outras providências.

BRASIL. Portaria nº 306/MPOG, de 13 de dezembro de 2001. Aprova a implantação do Sistema Eletrônico de Preços.

BRASIL. Portaria nº 41/MPOG, de 04 de março de 2005. Estabelece normas complementares para utilização do Cartão de Pagamento do Governo Federal - CPGF, pelos órgãos e entidades da Administração Pública Federal direta, autárquica e fundacional.

Manual do Cartão de Pagamento do Governo Federal. Endereço eletrônico: http://www.tesouro.fazenda.gov.br/-/cartao-de-pagamento-do-governo-federal.

CAPÍTULO II - FISCALIZAÇÃO E REAJUSTAMENTO

FISCALIZAÇÃO DOS CONTRATOS PÚBLICOS FEDERAIS

Kátia Nonato de Melo

1. Introdução

Os contratos administrativos devem ser fiscalizados e geridos, visando alcançar maior eficiência administrativa no atendimento do interesse público, consoante o disposto no art. 67 da Lei nº 8.666/1993, no entanto, a fiscalização dos contratos administrativo é um dos pontos mais sensíveis na Administração Pública, apesar da importância dessa figura no âmbito dos contratos administrativos, a legislação brasileira aborda superficialmente o tema, sem definir os seus contornos de forma clara.

Neste sentido, a nova Instrução Normativa n 5/2017/MPOG, implementou regras garantidoras do cumprimento da legislação trabalhista e mitigadoras de inadimplência por parte da prestadora de serviços. trazendo mudanças consistentes no tocante a delinear com maior clareza as atribuições do gestor e dos fiscais das contratações públicas, Especificando as atividades inerentes a cada um dos responsáveis pela fiscalização, objetivando facilitar as ações fiscalizatórias, destacando que, o conjunto das atividades fiscalizatórias pode ser exercido por setor específico, por equipe de fiscalização ou por somente um servidor, conforme a dimensão e especificidades do órgão ou entidade, desde que fique assegurada a distinção das tarefas e não comprometa o desempenho na gestão do contrato.

O normativo estabelece ainda, maiores garantias aos servidores, ao traçar requisitos em que a autoridade responsável deve observar, quando for indicar os fiscais de contrato, dentre os quais destacam-se: oportunizar ao servidor a ciência expressa da indicação antes de ser designado e a compatibilidade com as atribuições do cargo, com a complexidade do objeto e com o quantitativo de contratos por servidor.

Devendo o fiscal, adotar procedimentos preventivos para evitar a responsabilidade subsidiária da Administração em face da Súmula 331/TS, considerando que, o Fiscal de contratos designado, responderá civil, penal e administrativamente por seus atos praticados, por erros grosseiros ou inescusáveis e por ainda, por omissões causadoras de danos quando no desempenho da sua fiscalização, inclusive após deixar a função. E assim no momento em que identifica um problema durante a execução do contrato, que fuja a competência, imediatamente, deverá participara autoridade competente para que seja sanado eventuais erros em tempo hábil, conforme esclarece o art.67, §2º Lei nº 8.666/93.

Desta forma, o presente artigo através de pesquisa bibliográfica, visa abordar a importância do fiscal nas contratações públicas, bem como, suas atribuições, e os procedimentos atinentes a sua nomeação,e suas responsabilidades, demonstrando as principais modificações trazidas pela Instrução Normativa n 5/2017/MPOG, na área de fiscalização de contratos, que visa prevenir futuros transtornos para a administração e para o servidor público.

2. Responsabilidades Da Administração Pública

A Administração Pública pode ser responsável solidária pelo inadimplemento da empresa prestadora de serviços concernente aos encargos previdenciários, conforme estabelece o artigo 71, § 1º da Lei 8.666/93:

> O contratado é responsável pelos encargos trabalhistas, previdenciários, fiscais e comerciais resultantes da execução do contrato. A inadimplência do contratado, com referência aos encargos trabalhistas, fiscais e comerciais não transfere à Administração Pública a responsabilidade por seu pagamento, nem poderá onerar o objeto do contrato ou restringir a regularização e o uso das obras e

edificações, inclusive perante o Registro de Imóveis. A Administração Pública responde solidariamente com o contratado pelos encargos previdenciários resultantes da execução do contrato, (BRASIL, 1993).

Todavia, em discordância com o referido artigo, a súmula 331 do TST, antes das alterações tinha a seguinte redação:

I. A contratação de trabalhadores por empresa interposta é ilegal, formando-se o vínculo diretamente com o tomador de serviços salvo no caso de trabalho temporário (Lei n. 6.019, de 3.1.1974).

II. A contratação irregular de trabalhador, através de empresa interposta, não gera vínculo de emprego com os Órgãos da Administração Pública Direta, Indireta ou Fundacional (art. 37, II, da Constituição da República).

III. Não forma vínculo de emprego com o tomador a contratação de serviços de vigilância (Lei 7.102, de 20.6.1983), de conservação e limpeza, bem como a de serviços especializados ligados à atividade – meio do tomador dos serviços, desde que inexista a pessoalidade e a subordinação direta.

IV. O inadimplemento das obrigações trabalhistas, por parte do empregador, implica na responsabilidade subsidiária do tomador de serviços, quanto àquelas obrigações, inclusive quanto aos órgãos da administração direta, das autarquias, das fundações públicas e das sociedades de economia mista, desde que hajam participado da relação processual e constem também do título executivo judicial (art. 71 da Lei 8.666/93). (Alterado pela Res. N. 96, de 11.9.2000, DJ 29.9.2000)[1]

Em razão da discordância entre o art. 71 da Lei 8666/93 e a Súmula 331 do Superior Tribunal do Trabalho, foi proposta pelo governador do Distrito Federal a Ação de Constitucionalidade 16, concernente constitucionalidade do referido artigo, e assim, por votação majoritária, o Plenário do Supremo Tribunal Federal declarou, a constitucionalidade do artigo 71, parágrafo 1º, da Lei 8.666, de 1993, a chamada Lei de Licitações. O dispositivo prevê que a inadimplência do contratado pelo Poder Público em relação a encargos trabalhistas, fiscais e comerciais não transfere à Administração Pública a responsabilidade por seu pagamento, nem pode onerar o objeto do contrato ou restringir a regularização e o uso das obras e edificações, inclusive perante o Registro de Imóveis. (BRASIL, 1993).

Consequentemente o Tribunal Superior do Trabalho (TST) consolidou o posicionamento adotado na Ação de Declaração de Constitucionalidade (ADC) 16, em relação ao enunciado de sua Súmula 331, votando alterações que se fizeram adequadas ao entendimento da ação constitucional.

Alterações da Súmula 331. Nova redação do item IV. Acrescenta os itens V e VI.

CONTRATO DE PRESTAÇÃO DE SERVIÇOS. LEGALIDADE.

I – A contratação de trabalhadores por empresa interposta é ilegal, formando-se o vínculo diretamente com o tomador dos serviços, salvo no caso de trabalho temporário (Lei no 6.019, de 03.01.1974).

II – A contratação irregular de trabalhador, mediante empresa interposta, não gera vínculo de emprego com os órgãos da administração pública direta, indireta ou fundacional (art. 37, II, da CF/1988).

III – Não forma vínculo de emprego com o tomador a contratação de serviços de vigilância (Lei no 7.102, de 20.06.1983) e de conservação e limpeza, bem como a de serviços especializados ligados à atividade-meio do tomador, desde que inexistente a pessoalidade e a subordinação direta.

IV – O inadimplemento das obrigações trabalhistas, por parte do empregador, implica a responsabilidade subsidiária do tomador de serviços quanto àquelas obrigações, desde que haja participado da relação processual e conste também do título executivo judicial.

V – Os entes integrantes da administração pública direta e indireta respondem subsidiariamente, nas mesmas condições do item IV, caso evidenciada a sua conduta culposa no cumprimento das obrigações da Lei n. 8.666/93, especialmente na fiscalização do cumprimento das obrigações contratuais e

legais da prestadora de serviço como empregadora. A aludida responsabilidade não decorre de mero inadimplemento das obrigações trabalhistas assumidas pela empresa regularmente contratada.
VI – A responsabilidade subsidiária do tomador de serviços abrange todas as verbas decorrentes da condenação.

Portanto, não arcando a empresa prestadora com suas responsabilidades trabalhistas perante o obreiro, subsidiariamente, a obrigação transmite-se à empresa tomadora, desde que seja comprovada sua conduta omissiva ou comissiva na fiscalização dos contratos.

3. Nomeação Do Fiscal

Segundo disciplina o art. 67 da Lei 8.666/1993, "a execução do contrato deverá ser acompanhada e fiscalizada por um representante da Administração especialmente designado, permitida a contratação de terceiros para assisti-lo de informações pertinentes a essa atribuição".

Normalmente a designação do servidor para fiscalizar as contratações públicas, ocorre após a assinatura do contrato, muitas vezes surpreendendo o servidor designado, e visando corrigir essa situação, a Instrução Normativa n 5/2017, estabelece que o servidor designado deve participar de todas as etapas da contratação, desde o planejamento até a assinatura do contrato, devendo os mesmos serem cientificados de sua designação, antes da formalização da mesma.

De acordo com o Art. 41, da Instrução Normativa n 5/2017:

A indicação do gestor, fiscal e seus substitutos caberá aos setores requisitantes dos serviços ou poderá ser estabelecida em normativo próprio de cada órgão ou entidade, de acordo com o funcionamento de seus processos de trabalho e sua estrutura organizacional.

§ 1º Para o exercício da função, o gestor e fiscais deverão ser cientificados, expressamente, da indicação e respectivas atribuições antes da formalização do ato de designação.

§ 2º Na indicação de servidor devem ser considerados a compatibilidade com as atribuições do cargo, a complexidade da fiscalização, o quantitativo de contratos por servidor e a sua capacidade para o desempenho das atividades.

§ 3º Nos casos de atraso ou falta de indicação, de desligamento ou afastamento extemporâneo e definitivo do gestor ou fiscais e seus substitutos, até que seja providenciada a indicação, a competência de suas atribuições caberá ao responsável pela indicação ou conforme previsto no normativo de que trata o caput. (BRASIL, 2017).

Atribuição de fiscal deve recair sobre pessoa que pertença aos quadros da Administração, permitido, contudo, a contratação de terceiros para auxiliá-lo com o fornecimento de informações técnicas para que ele possa se posicionar quanto à correta execução do contrato.

Estabelece o art. 42. da referida instrução normativa, que após indicação de que trata o art. 41, a autoridade competente do setor de licitações deverá designar, por ato formal, o gestor, o fiscal e os substitutos.

§ 1º O fiscal substituto atuará como fiscal do contrato nas ausências e nos impedimentos eventuais e regulamentares do titular.

§ 2º Será facultada a contratação de terceiros para assistir ou subsidiar as atividades de fiscalização do representante da Administração, desde que justificada a necessidade de assistência especializada.

§ 3º O gestor ou fiscais e seus substitutos deverão elaborar relatório registrando as ocorrências sobre a prestação dos serviços referentes ao período de sua atuação quando do seu desligamento ou afastamento definitivo. (BRASIL, 2017).

O encargo de gestor ou fiscal não pode ser recusado pelo servidor, por não se tratar de ordem ilegal, devendo expor ao superior hierárquico as deficiências e limitações técnicas que possam impedir o diligente cumprimento do exercício de suas atribuições, se for o caso. Parágrafo único. Ocorrendo a situação de que trata o caput, observado o § 2º do art. 42, a Administração deverá providenciar a qualificação do servidor para o desempenho das atribuições, conforme a natureza e complexidade do objeto, ou designar outro servidor com a qualificação requerida, (BRASIL, 2017).

Ou seja, o servidor não poderá se recusar, porém caso julgue-se incapaz de realizar as atribuições inerentes a fiscalização, devido a suas limitações, deverá comunicar seu superior para que providencie sua capacitação, e caso isso não ocorra, não poderá o mesmo ser responsabilizado por faltas ocorridas durante a execução do Contrato.

Visando evitar quaisquer atos de ingerência nas atividades de fiscalização, não deverá o fiscal de contratos ser subordinado ao gestor de contratos, e considerando o princípio da segregação de funções, as atividades de gestor de contratos e fiscal de contratos não devem ser designadas a uma mesma pessoa. "Não obstante a não segregação dessas duas atribuições não possam ser consideradas ilegais, ela deve ser evitada". (FURTADO, 2012, p. 440)

Nesse sentido, a Instrução Normativa n 5/2017, trouxe mudanças consideráveis estabelecendo que as atividades de gestão e fiscalização pode ser realizada por servidores distintos, equipe de servidores ou somente um servidor, conforme dispõe seu seu Art. 40, parágrafo terceiro:

> § 3º As atividades de gestão e fiscalização da execução contratual devem ser realizadas de forma preventiva, rotineira e sistemática, podendo ser exercidas por servidores, equipe de fiscalização ou único servidor, desde que, no exercício dessas atribuições, fique assegurada a distinção dessas atividades e, em razão do volume de trabalho, não comprometa o desempenho de todas as ações relacionadas à Gestão do Contrato. (Brasil, 2017).

4. Atribuições Dos Fiscais

O referido normativo trouxe ainda, as atividades de gestão e fiscalização das contratações públicas, mais delineadas, melhorando a compreensão e esclarecendo dúvidas corriqueiras concernentes a essas atividades trazendo direção e maior segurança jurídica aos servidores designados para exercer essas atividades.

As atividades de gestão e fiscalização da execução contratual são o conjunto de ações que tem por objetivo aferir o cumprimento dos resultados previstos pela Administração para os serviços contratados, verificar a regularidade das obrigações previdenciárias, fiscais e trabalhistas, bem como prestar apoio à instrução processual e o encaminhamento da documentação pertinente ao setor de contratos para a formalização dos procedimentos relativos a repactuação, alteração, reequilíbrio, prorrogação, pagamento, eventual aplicação de sanções, extinção dos contratos, dentre outras, com vista a assegurar o cumprimento das cláusulas avençadas e a solução de problemas relativos ao objeto. (BRASIL, 2017).

Dentre as novidades, o nova instrução normativa traz expressamente novas figuras de fiscalização (técnica, administrativa, setorial e a realizada pelo público usuário), bem como, a informação de que as atividades de gestão e fiscalização da execução contratual devem ser realizadas de forma preventiva, rotineira e sistemática, podendo ser exercidas por servidores, equipe de fiscalização ou único servidor, desde que, no exercício dessas atribuições, fique assegurada a distinção dessas atividades e, em razão do volume de trabalho, não comprometa o desempenho de todas as ações relacionadas à Gestão do Contrato. (BRASIL, 2017).

Conforme art. 40 da referida Instrução Normativa:

> I - Gestão da Execução do Contrato: é a coordenação das atividades relacionadas à fiscalização técnica, administrativa, setorial e pelo público usuário, bem como dos atos preparatórios à instrução processual e ao encaminhamento da documentação pertinente ao setor de contratos para formalização dos

procedimentos quanto aos aspectos que envolvam a prorrogação, alteração, reequilíbrio, pagamento, eventual aplicação de sanções, extinção dos contratos, dentre outros;

II - Fiscalização Técnica: é o acompanhamento com o objetivo de avaliar a execução do objeto nos moldes contratados e, se for o caso, aferir se a quantidade, qualidade, tempo e modo da prestação dos serviços estão compatíveis com os indicadores de níveis mínimos de desempenho estipulados no ato convocatório, para efeito de pagamento conforme o resultado, podendo ser auxiliado pela fiscalização de que trata o inciso V deste artigo;

III - Fiscalização Administrativa: é o acompanhamento dos aspectos administrativos da execução dos serviços nos contratos com regime de dedicação exclusiva de mão de obra quanto às obrigações previdenciárias, fiscais e trabalhistas, bem como quanto às providências tempestivas nos casos de inadimplemento;

IV - Fiscalização Setorial: é o acompanhamento da execução do contrato nos aspectos técnicos ou administrativos quando a prestação dos serviços ocorrer concomitantemente em setores distintos ou em unidades desconcentradas de um mesmo órgão ou entidade; e

V - Fiscalização pelo Público Usuário: é o acompanhamento da execução contratual por pesquisa de satisfação junto ao usuário, com o objetivo de aferir os resultados da prestação dos serviços, os recursos materiais e os procedimentos utilizados pela contratada, quando for o caso, ou outro fator determinante para a avaliação dos aspectos qualitativos do objeto.(BRASIL, 2017).

Destarte, que fica clara as especificidades inerentes às atividades da Gestão e da Fiscalização, que não devem ser confundidas, a gestão tratará de assuntos administrativos, pagamentos, incidentes, é a própria Administração, é aquele "que coloca a máquina para funcionar" por outro lado, o Fiscal é os olhos e ouvidos da administração, sendo a pessoa que verifica se a "máquina está funcionando bem", e se a execução do contrato está sendo executada conforme pactuado, o encarregado da atividade de fiscalizar, vigiar, examinar, será exercido apenas por um servidor designado que representará a Administração especialmente para aquele contrato, ficando a cargo exclusivo de cobrar e acompanhar seu cumprimento, conforme determina a Lei nº 8.666/1993.

Sendo assim, a responsabilidade do gestor do contrato é coordenar as atividades de fiscalização, bem como a instrução processual concernentes prorrogações, sanções, repactuações, reequilíbrio e pagamento, e ainda o recebimento definitivo do serviço, já o fiscal técnico deverá fazer ao acompanhamento da execução do contrato, devendo observar os quantitativos e a qualidade dos serviços prestados, e o fiscal administrativo deverá verificar o cumprimento das obrigações trabalhistas, previdenciárias e fiscais, e juntamente com o fiscal fazer o recebimento provisório do serviço.

Destaca-se ainda, a importância da fiscalização setorial que deve ser feita por servidores que trabalham nas unidades desconcentradas, devendo comunicar ao órgão sede, sempre que observar alguma irregularidade na prestação dos serviços em suas unidades, bem como a relevância da fiscalização efetuada pelo público usuário que são os servidores trabalham nos órgãos onde os serviços estão sendo prestados, e ao observar alguma falha na prestação do serviço, devem comunicar o fiscal técnico, visto que, ele não pode estar em todos os lugares ao mesmo tempo.

Todos esses procedimentos visam resguardar o fiscal de ser responsabilizado por irregularidades cometidas pela contratada, uma vez que, ocorrendo falhas na fiscalização do contrato, a responsabilidade do fiscal, será em três esferas, que são independentes entre si, podendo inclusive serem cumulativas, a esfera administrativa, sendo esta apurada mediante processo administrativo disciplinar, a penal, desde logo apurada mediante inquérito e ação penal cabível e a civil que diz respeito a ressarcir, os danos sofridos e prejuízos ao erário ocorridos durante a execução daquela fiscalização falha.

5. Aplicação De Penalidades

Segundo o art. 54 da Lei 8.666/1993, "os contratos administrativos regulam-se pelas suas cláusulas e pelos preceitos de direito público, aplicando-se-lhes, supletivamente, os princípios da teoria geral dos contratos e as disposições gerais de direito privado". Os contratos administrativos regem-se pelas normas de direito administrativo, que têm como base a indisponibilidade do interesse público e a supremacia do interesse público sobre o interesse privado.

Nos contratos administrativos se inserem as chamadas cláusulas exorbitantes, que conferem à Administração privilégios em face do particular, como a obrigatoriedade de o contratado aceitar acréscimos e supressões no objeto contratado, dentro dos limites traçados no art. 65 da Lei 8.666/1993.

Também é prerrogativa da administração a aplicação de penalidades e a rescisão contratual, sem a necessidade de se recorrer ao Poder Judiciário, o que não dispensa a instauração do devido processo administrativo, com garantia de ampla defesa e contraditório ao contratado.

O art. 78 da Lei 8.666/1993 elenca uma série de causas que dão ensejo à rescisão contratual, tais como: o não cumprimento ou o cumprimento irregular de cláusulas contratuais, especificações, projetos ou prazos; a lentidão do seu cumprimento, levando a Administração a comprovar a impossibilidade da conclusão da obra, do serviço ou do fornecimento, nos prazos estipulados; o atraso injustificado no início da obra, serviço ou fornecimento; a paralisação da obra, do serviço ou do fornecimento, sem justa causa e prévia comunicação à Administração; a subcontratação total ou parcial do seu objeto, a associação do contratado com outrem, a cessão ou transferência, total ou parcial, bem como a fusão, cisão ou incorporação, não admitidas no edital e no contrato; o desatendimento das determinações regulares da autoridade designada para acompanhar e fiscalizar a sua execução, assim como as de seus superiores; o cometimento reiterado de faltas na sua execução, anotadas na forma do § 1º do art. 67 da Lei 8.666/1993.

E assim, o papel do fiscal é de extrema importância para verificação da execução ou inexecução do contrato e de outras faltas, o devendo fazer o registro das falhas detectadas, pois são esses elementos que serão levados ao processo administrativo e que servirão de motivação para a prática do ato administrativo de rescisão contratual ou de aplicação de sanções, quanto a esse ponto, a Lei 8.666/1993 é expressa ao dizer que é causa para a rescisão unilateral do contrato o cometimento de reiteradas faltas na sua execução, anotadas em registro próprio de ocorrências relacionadas com a execução do contrato (art. 67, §1º, Lei 8.666/1993).

Outro dispositivo legal, que dispõe sobre razões que podem levar a Rescisão Contratual é a Instrução Normativa nº 3/2018, o normativo prevê em seu art. 31, "A cada pagamento ao fornecedor a Administração realizará consulta ao Sicaf para verificar a manutenção das condições de habilitação, observadas as seguintes condições:"

> I - constatando-se, junto ao Sicaf, a situação de irregularidade do fornecedor contratado, deve-se providenciar a sua advertência, por escrito, para que, no prazo de 5 (cinco) dias úteis, o fornecedor regularize sua situação ou, no mesmo prazo, apresente sua defesa;
>
> II - o prazo do inciso anterior poderá ser prorrogado uma vez por igual período, a critério da Administração;
>
> III - não havendo regularização ou sendo a defesa considerada improcedente, a Administração deverá comunicar aos órgãos responsáveis pela fiscalização da regularidade fiscal quanto à inadimplência do fornecedor, bem como quanto à existência de pagamento a ser efetuado pela Administração, para que sejam acionados os meios pertinentes e necessários para garantir o recebimento de seus créditos;

IV - persistindo a irregularidade, a Administração deverá adotar as medidas necessárias à rescisão dos contratos em execução, nos autos dos processos administrativos correspondentes, assegurada à contratada a ampla defesa;
V - havendo a efetiva prestação de serviços ou o fornecimento dos bens, os pagamentos serão realizados normalmente, até que se decida pela rescisão contratual, caso o fornecedor não regularize sua situação junto ao Sicaf; e
VI - somente por motivo de economicidade, segurança nacional ou outro interesse público de alta relevância, devidamente justificado, em qualquer caso, pela máxima autoridade do órgão ou entidade contratante, não será rescindido o contrato em execução com empresa ou profissional que estiver irregular no Sicaf. (BRASIL, 2018).

Desta forma, antes de efetuar o pagamento mensal, o fiscal administrativo deverá consultar o Sistema de Cadastro Unificado de Fornecedores - SICAF, a fim de verificar se a empresa mantém as condições de habilitação, ou seja, se as certidões estão regulares, se alguma estiver irregular, deverá oficiar documento a contratada solicitando manifestação, e caso a situação não seja regularizada, a administração iniciará os procedimentos referentes a rescisão contratual.

Ressalta-se que conforme inciso V, a irregularidade no SICAF, não é motivação para o não pagamento dos serviços devidamente prestados integralmente, e atestados pelo fiscal técnico, no entanto, caso ocorra a prestação parcial do serviço, o fiscal técnico deverá relatar no relatório de acompanhamento da execução do contrato, solicitando a glosa no pagamento.

Quando houver dimensionamento do valor da Nota Fiscal ou Fatura em decorrência do resultado do Instrumento de Medição de Resultado, bem como no caso de glosa parcial dos serviços, a empresa deverá emitir Nota Fiscal ou Fatura com o valor exato, evitando, assim, efeitos tributários sobre valor não aceito pela Administração, nos termos da alínea c do inciso II, art. 50 da Instrução Normativa nº 5/2017, que dispõe: " comunicar a empresa para que emita a Nota Fiscal ou Fatura com o valor exato dimensionado pela fiscalização com base no Instrumento de Medição de Resultado (IMR), observado o Anexo VIII-A ou instrumento substituto, se for o caso."

Além da glosa no pagamento poderão ser aplicadas outras penalidades, conforme estabelece o art. 87 da Lei 8666/93: Em decorrência inexecução total ou parcial do contrato: advertência; multa; suspensão temporária de participação em licitação e impedimento de contratar com a Administração, por prazo não superior a 2 (dois) anos; e declaração de inidoneidade para licitar ou contratar com a Administração Pública. (BRASIL, 1993).

6. Conclusão

Conclui-se portanto, que a atividade do fiscal de contratos visa garantir a materialização dos objetivos da licitação, proposta mais vantajosa para a administração e observando os princípios da isonomia, moralidade, economicidade e eficiência, na medida em que ele deve acompanhar a execução do contrato de maneira sistemática e rigorosa, certificando-se que a proposta vencedora na licitação está sendo devidamente executada, de acordo com o edital e o termos da própria proposta vencedora.

Segundo a Instrução Normativa n 5/2017/MPOG, o servidor designado para a atividade de fiscalização, deverá ser cientificado sobre sua designação, e respectivas atribuições antes da formalização do ato de designação, devendo ser considerados a compatibilidade com as atribuições do cargo, a complexidade da fiscalização, o quantitativo de contratos por servidor e a sua capacidade para o desempenho das atividades.

Para tanto visando maior eficiência nas atividades de fiscalização, o servidor designado deve ter conhecimento da legislação trabalhista, de licitações e contratos administrativos, das matérias exclusivas acerca dos objetos contratantes, devendo a Administração proporcionar capacitações constantes aos servidores.

O fiscal das contratações públicas têm importância fundamental na aplicação das penalidades à contratada, uma vez que, deve acompanhar de perto a execução do contrato e anotar as falhas observadas em registro próprio, e comunicar a autoridade competente para as providências cabíveis, no tocante à formalização de documento a contratada para que se manifeste acerca das impropriedades observadas, e caso as irregularidades não sejam resolvidas pela contratada, poderão ser adotadas as sanções cabíveis ou mesmo rescisão unilateral do contrato.

Com a alteração ocorrida na Súmula nº 331 do TST, falhas na fiscalização dos contratos de terceirização de mão de obra pode atrair para a Administração Pública a responsabilidade subsidiária pelo pagamento dos débitos trabalhistas, o que aumentou ainda mais a responsabilidade do fiscal na verificação da correta execução desses contratos, devendo rotineiramente verificar se a contratada está cumprindo corretamente as obrigações fiscais, trabalhistas e previdenciárias.

Por todo o exposto, fica evidente a necessidade de se dar mais atenção à atividade de fiscal de contratos públicos, designando para essa atividade, servidor que detenha capacidade técnica para verificar o cumprimento do objeto pactuado, disponibilizando-lhe tempo e capacitações constantes, a fim de que possa exercer sua função com maior segurança e eficiência.

7. Referências Bibliográficas

BRASIL. Instrução Normativa nº 5/2017 do MPOG/Ministério do Planejamento Orçamento e Gestão. Dispõe sobre as regras e diretrizes do procedimento de contratação de serviços sob o regime de execução indireta no âmbito da Administração Pública federal direta, autárquica e fundacional. Disponível em https://www.comprasgovernamentais.gov.br/index.php/legislacao/instrucoes-normativas/760-instrucao-normativa-n-05-de-25-de-maio-de-2017. Acesso em 13 de setembro de 2017.

BRASIL. Instrução Normativa nº 3/2018 do MPOG/Ministério do Planejamento Orçamento e Gestão.Estabelece regras de funcionamento do Sistema de Cadastramento Unificado de Fornecedores – Sicaf, no âmbito do Poder Executivo Federal. Disponível em https://www.comprasgovernamentais.gov.br/index.php/legislacao/instrucoes-normativas/911-in-sicaf

BRASIL. Lei nº 8.666, de 21 de junho de 1993. Regulamenta o art. 37, inc. XXI da Constituição Federal, institui normas para licitações e contratos da Administração Pública e dá outras providências. Disponível em http://www.planalto.gov.br. Acesso em 12 de setembro de 2017.

BRASIL. Supremo Tribunal Federal. ADC 16/DF, Tribunal Pleno, Rel. Min. Cezar Peluso, j. 24/11/2010, p. DJe 09/09/2011. Disponível em: www.stf.jus.br. Acesso em: 23 de fev. 2014.

BRASIL. Tribunal Superior do Trabalho. Súmula de jurisprudência, enunciado nº 331 (Contrato de prestação de serviços. Legalidade). DEJT 27, 30 e 31.05.2011. Disponível em: www.tst.jus.br. Acesso em: 23 de fev. 2014.

FURTADO, Lucas Rocha. Curso de licitação e contratos administrativos. 4. ed. atual. Belo Horizonte: Fórum, 2012.

DA REVISÃO, REPACTUAÇÃO E REAJUSTE DOS PREÇOS DO CONTRATO

Gerasid Matos Castelo Branco

1. Introdução

A Instrução Normativa SEGES/MP nº5, de 2017 no art. 53 estabelece que o ato convocatório e o contrato de serviço continuado deverão indicar o critério de reajustamento de preços, que deverá ser sob a forma de reajuste em sentido estrito, com a previsão de índices específicos ou setoriais, ou por repactuação, pela demonstração analítica da variação dos componentes dos custos.

Desta forma neste capítulo serão abordados os conceitos de revisão, reajuste em sentido estrito, com a previsão de índices específicos ou setoriais, e de repactuação, pela demonstração analítica da variação dos componentes dos custos.

Reequilíbrio Econômico-financeiro do contrato- é o gênero do qual a revisão, reajuste e a repactuação são espécie. Decorrem do expresso comando constitucional, art. 37, XXI, que assegura cláusula que estabeleçam obrigações de pagamento, mantidas as condições efetivas da proposta, nos termos da lei.

Este instituto jurídico está disciplinado nos art.57 § 1º, 58 I, § § 1º e 2º, e 65 II, d, e §§ 5º e 6º, da lei n. 8.666/93, que assegura a manutenção de seu equilíbrio econômico-financeiro, bem como prevê a obrigatoriedade de previsão no edital de "critério de reajuste" de custo contratual desde a data a apresentação da proposta até o período do adimplemento, como previsto no art.40, XI e 55, III.

Como visto, no primeiro momento, na lei, foram disciplinados dois institutos legais que visam assegurar a efetividade da garantia do equilíbrio econômico-financeiro previsto no art.37, XXI, da Constituição Federal, o equilíbrio econômico financeiro (ou revisão) e o reajuste.

Ficando essa lacuna na legislação em relação a repactuação, a qual não foi criada por lei, mas por pelo Decreto nº2.271/91, que veio regulamentar o art.10 da lei nº 200/67. O qual definiu os serviços que deve ser objeto de contratação, ao estabelecer o que é área área assessoria e área meio (instrumentais ou complementares). A repactuação foi expressa no art. 5 deste Decreto, como espécie de reajustamento de preço para adequar o preço dos contratos de prestação de serviços de forma contínua, à realidade de mercado, observados o interregno mínimo de um ano (contados na forma da legislação) e a demonstração analítica da variação dos componentes dos custos do contrato, devidamente justificada.

A revisão, reajuste e repactuação são, portanto, instrumentos que visam reequilibrar o contrato para manter as condições efetivas das propostas, todos têm o mesmo fundamento (princípio do equilíbrio econômico financeiro), mas que possuem características, deveres, causas e fundamentos legais distintos. Esses institutos serão estudados com o objetivo conceituá-los e mostrar a sua correta aplicação.

A pesquisa classifica-se como bibliográfica, pois recorre à literatura para produção de conhecimento sobre o tema por meio de material acessível ao público em geral, como livros artigos e demais produções científicas em meio físico e digital.

O artigo abordará de forma específica:

1. A recomposição de preço pode ser invocada, no decorrer da execução do contrato, e os reajustes e repactuação de preços devem ser previstos o ato convocatório e no contrato de serviço continuado.
2. A revisão como reequilíbrio econômico-financeiro como espécie de 'relação' entre os encargos e retribuições geradas para as partes, formando a equação

estabelecida na contratação, que deverá ser mantida durante toda a execução do contrato.

3. O reajuste como instrumento legal para manter o equilíbrio econômico-financeiro do contrato de execução continuada em função da elevação dos custos dos insumos. Diferença entre reajuste, correção e a recomposição.

4. O reajuste nos contratos de execução continuada, cuja vigência, por desenvolver-se por longo período, igual, ou superior a um ano, como instrumento para assegurar a vantajosidade econômica da proposta inicial, dispensando a pesquisa de mercado, exigida no inciso II do artigo 57 da Lei nº 8.666/93, para prorrogação dos contratos de serviço continuado.

5. Surgimento da repactuação. A repactuação como reajustamento de preços, pela demonstração analítica da variação dos componentes de custos.

2. Revisão

É próprio reequilíbrio econômico-financeiro dos contratos. Na Lei n.8.66/93 encontra-se o termo "manutenção do equilíbrio econômico-financeiro ", mas a doutrina aborda o mesmo tema com a denominação de reequilíbrio econômico-financeiro, revisão ou recomposição.

Segundo Justen Filho, conforme citado por costa (2002, p.28), o equilíbrio econômico-financeiro "indica uma espécie de 'relação' entre encargos e retribuições gerada para as partes. Significa que os encargos correspondem (equivalem, são iguais) às retribuições. A expressão equilíbrio esclarece que o conjunto dos encargos é a contrapartida do conjunto das retribuições, de molde a caracterizar uma equação". Portanto, o equilíbrio econômico-financeiro, é o conjunto de mecanismos postos a disposição das partes para restabelecer o equilíbrio original entre recursos do contratado (remuneração, insumos diversos, tributos, custo indiretos e lucro) e a retribuição da Administração.

A equação é estabelecida na contratação e deverá ser mantida durante toda a execução do contrato.

Ocorrendo o desequilíbrio na equação, partes, ou uma das partes, pode intervir para restabelecer a relação. Eef= K1/K2=1.

K1 = encargos do contrato (custos diretos+custos indiretos lucro + tributos)

K2 = remuneração dos serviços (valor transferido da administração para a empresa)

Eef = equação equilibrada = 1-> estabelecido a contratação com base na proposta analisada e aceita.

A revisão é baseada na teoria da imprevisão, alteração extraordinário nos preços, desvinculada da inflação verificada, ou teoria do equilíbrio econômico-financeiro do contrato em sentido estrito, sendo que o sentido amplo deve ser considerado o preceito constitucional, que envolve também o reajuste.

Segundo Di Pietro (p.92), conforme citado por Justen Filho (2002, p.29) "o equilíbrio econômico-financeiro constitui a relação que se estabelece no momento da celebração do contrato, entre o encargo assumida pelo concessionário e a remuneração que lhe assegura a Administração por via do contrato. Nota-se que a autora acrescenta à sua conceituação o elemento temporal. De acordo com ela, a noção de equivalência entre encargo e remuneração precede à celebração do contrato, estabelecendo-se no momento em que a proposta, formulada em consonância com as condições fixadas no edital, é aceita".

A deriva da ocorrência de eventos extraordinários que oneram os encargos do contrato. As alterações dessa natureza, em função da sua imprevisibilidade, devem ser formalizadas por meio da celebração de termo aditivo ao contrato, respaldado pela comprovação dos fatos que provocaram tais anomalias. Devido ao seu caráter extraordinário e, por conseguinte, imprevisível, a recomposição de preço pode ser invocada, no decorrer da execução do contrato, a qualquer tempo, até um dia após a assinatura do contrato por exemplo

Exige, no entanto, artigo 65, II, "d" da Lei nº 8.666/93, a comprovação real da ocorrência de fatos imprevisíveis, ou previsíveis porém de consequências incalculáveis, retardadores ou impeditivos da execução do ajustado.

Acerca dos requisitos para a aplicação do reequilíbrio econômico-financeiro, Maria Sylvia Zanella Di Pietro (1999, p. 262) comentar:

> Aliada essa norma aos princípios já assentes em doutrina, pode-se afirmar que são requisitos para restabelecimento do equilíbrio econômico-financeiro do contrato, pela aplicação da teoria da imprevisão, que o fato seja:
> 1. imprevisível quanto à sua ocorrência ou quanto às suas conseqüências;
> 2. estranho à vontade das partes;
> 3. inevitável;
> 4. causa de desequilíbrio muito grande no contrato.
> [...]
> Se for fato previsível e de conseqüências calculáveis, ele é suportável pelo contratado, constituindo álea econômica ordinária; a mesma conclusão, se se tratar de fato que o particular pudesse evitar, pois não será justo que a Administração responda pela desídia do contratado; só o desequilíbrio muito grande, que torne excessivamente onerosa a execução para o contratado, justifica a aplicação da teoria da imprevisão, pois os pequenos prejuízos, decorrentes de má previsão, constituem álea ordinária não suportável pela Administração. Além disso, tem que ser fato estranho à vontade das partes: se decorrer da vontade do particular, responde sozinho pelas conseqüências de seu ato; se decorrer da vontade da Administração, cai-se nas regras referentes à álea administrativa (alteração unilateral e teoria do fato do príncipe).

Como é baseada na Teoria da Imprevisão, a revisão dos preços pode ocorrer a qualquer momento (até um dia após a assinatura do contrato por exemplo). Basta imaginar um aumento abrupto do petróleo em contratos de fornecimento de combustível gasolina. O contratado terá direito a essa revisão dos preços anteriormente propostos.

Para que possa ser concedida, deve o interessado encaminhar um pleito para a Administração e comprovar o aumento abrupto por intermédio da abertura de sua planilha de custo e formação de preços, anterior e atual, comprovando que a ocorrência do fato superveniente implica ônus insuportável ao contratado.

Se o oposto ocorrer, ou seja, um fato novo diminuindo abruptamente os valores dos insumos utilizados naquele contrato, o interessado será o órgão ou entidade pública que deverá convocar o contratado para fazer a revisão, reduzindo o valor do contrato.

2.1. Características da Revisão:

- Risco imprevisível ou previsível incalculável;
- Não se submete ao interregno de 1 ano para concessão;
- Materializada em Termo Aditivo;
- Independe de previsão contratual;
- Não é automática, depende de solicitação;
- Não há preclusão lógica, no entanto só é devido a partir da data do protocolo, ou seja, seu efeito não é retroativo;
- É submetida à análise técnica e jurídica;

☒ Não está limitada aos valores máximos estabelecidos nas Portarias SLTI/MPOG de limpeza e vigilância;

☒ Repactuação ou Reajuste não prejudicam sua concessão.

2.2. Requisitos para Concessão:

☒ Requerimento do contratado acompanhado das justificativas e comprovação da necessidade do reequilíbrio;

☒ Apresentação de planilhas (idêntica à apresentada na licitação) demonstrando, de forma inequívoca, a onerosidade excessiva originada pelos acontecimentos supervenientes;

☒ Análise técnica (gestor do contrato);

☒ Análise jurídica e

☒ Dotação orçamentária para assumir compromisso (LRF).

3. Reajuste

Diferença entre reajuste, correção e a recomposição. O reajuste contratual refere-se a índices específicos de inflação, a correção monetária a índices gerais, ao passo que a recomposição retrata uma condição peculiar da execução contratual.

Reajustar refere-se a um preço específico, e indexa a inflação setorial ocorrida no período em que medeia entre a data da apresentação da proposta e de sua execução.

Nesse sentido o art. 61 da Instrução Normativa nº5/2017, conceitua o reajuste em sentido estrito, como espécie de reajuste contratual, que consiste na aplicação de índice de correção monetária previsto no contrato, que deverá retratar a variação efetiva de custo de produção, admitida a adoção de índices específicos ou setoriais.

O reajuste deve vir previsto em contrato, conforme mandamento do art. 40, XI e 55, III da Lei n.8.666/93, in verbis:

> Art. 40. O edital conterá no preâmbulo o número de ordem em série anual, o nome da repartição interessada e do seu setor, a modalidade, o regime de execução e o tipo da licitação, a menção de que será regida por esta Lei, o local, dia e hora para recebimento da documentação e proposta, bem como para início da abertura dos envelopes, e indicará, obrigatoriamente, o seguinte:
> XI – critério de reajuste, que deverá retratar a variação efetiva do custo de produção, admitida a adoção de índices específicos ou setoriais, desde a data prevista pra apresentação da proposta, ou do orçamento a que essa se referir, até a data do adimplemento de cada parcela;
> Art. 55. São cláusulas necessárias em todo contrato as que estabeleçam:
> III - o preço e as condições de pagamento, os critérios, a data-base e periodicidade do reajustamento de preços, os critérios de atualização monetária entre a data do adimplemento das obrigações e a do efetivo pagamento.

Reajuste é instrumento legal para manter o equilíbrio econômico-financeiro do contrato de execução continuada em função da elevação dos custos dos insumos.

É como leciona Marçal Justen Filho:

> (...)
> "O reajuste de preços tem por função assegurar a identidade do valor real da remuneração prevista no contrato. O fenômeno inflacionário (ou deflacionário) produz efeito de desnaturação da relação original pactuada entre as partes. A manutenção do valor nominal da prestação acarretaria uma alteração da remuneração assegurada originalmente à parte."

As partes, ao tempo da celebração do contrato, prevenindo-se quanto aos efeitos da inflação, estabelecem um critério de reajuste ou índice inflacionário no intuito de preservar a contraprestação devida ao contratado, sem conduzir a resultado que amplie os benefícios nem cause prejuízo ao particular, em termos não correspondentes à relação original entre encargos e a vantagens a ele assegurada por ocasião da contratação. Tornando concreto o princípio da intangibilidade da equação econômico-financeira dos contratos administrativos.

Segundo Diógenes Gasparini "o reequilíbrio do contrato administrativo não é via de mão única, ao contrário, é mecanismo que tanto majora como reduz os valores contratualmente ajustados, tendendo, sempre, ao reequilíbrio da equação econômico-financeira do contrato".

Portanto, pode ocorrer de forma positiva ou negativa, de acordo com a variação do índice estipulado. Nesse sentido posicionou-se a Advocacia-Geral da União, ao tratar do tema no Parecer nº 04/2013/CPLC/DEPCOSU/PGF/AGU:

> "9. Por outro lado, equilíbrio econômico poderá ser afetado pela oscilação dos preços no mercado. Com passar do tempo, as flutuações tendem se consolidar com um aumento relevante do nível geral dos preços (inflação) ou com um decréscimo relevante desse nível (deflação). Em ambos os caso, há um desequilíbrio na relação contratual.
>
> 10. Quando os preços aumentam, os custos da contratação tendem aumentar e a margem de lucro do contratado diminui, pois, embora seus custos tenham aumentado, receberá pagamentos em valor fixado em momento anterior ao aumento geral dos preços. raciocínio inverso aplica-se à Administração: quando nível geral dos preços cai, os custos da contratação diminuem, mas particular continuará receber um pagamento fixo, despeito da queda em seus custos. No contrato administrativo, ambas as situações são indesejáveis.
>
> 11. Juridicamente, contudo, não são situações imprevisíveis ou previsíveis de consequências incalculáveis, razão pela qual não se pode considerá-las manifestações da álea econômica. Muito pelo contrário, com alta frequência, indicadores macroeconômicos índices de preços permitem que expectativas de inflação ou de deflação sejam previstas com pequena margem de erro. Isso suscita uma questão: como restabelecer equilíbrio do contrato sem valer-se da teoria da imprevisão? 12. resposta está na própria legislação. reequilíbrio contratual para corrigir distorções provocadas pela inflação ou deflação está previsto no próprio contrato administrativo, por meio da previsão de critério de reajuste (arts. 40, XI, 55, III, da Lei nº 8.666/93).3 Por esse meio, Administração obrigada rever os valores do pagamento periodicamente.

A redação do artigo 61, da IN nº5/2017, também, dispõe nesse sentido de preservação da variação efetiva dos custos original através da aplicação do mecanismo de reajuste dos preços, prevendo que o índice de correção monetária, previsto no contrato, deverá retratar a variação efetiva do custo de produção. Admitindo a adoção de índices específicos ou setoriais, que guardem a maior correlação possível como segmento econômico em que estejam inseridos tais insumos ou materiais, no caso de serviços continuados com mão de obra. Ressaltando (no § 4º) que nos casos em que o valor dos contratos de serviços continuados sejam preponderantemente formados pelos custos dos insumos, poderá ser adotado o reajuste de que trata este artigo.

Para os contratos de prestação de serviços contínuos sem dedicação de mão de obra, a espécie de reajustamento aplicável, após decorrido o interregno de um ano (contados da data limite para a apresentação da proposta) é denominado reajuste em sentido estrito, que consiste basicamente na aplicação anual de índice percentual econômico estabelecido expressamente em cláusulas do contrato.

O reajuste nos contratos de execução continuada, cuja vigência, por desenvolver-se por longo período, igual, ou superior a um ano, além de cumprir a função de protegê-los dos efeitos da inflação, que compromete a justa remuneração do contrato, a aplicação de índice específico, ou setorial, previamente estabelecido, é a forma prevista na instrução normativa SLTI MPOG nº2/2008(revogada pela Seges/MPDG/2017), a partir da redação dada pela instrução normativa nº 6, de 23 de dezembro de 2013, para assegurar a vantajosidade econômica da proposta inicial, dispensando a pesquisa de mercado, exigida no inciso II do artigo 57 da Lei nº 8.666/93, para prorrogação dos contratos de serviço continuado.

O art.30-A da Instrução Normativa SLTI MPOG nº02/2008 (revogada pela Seges/MPDG nº2017), tratou sobre o assunto da seguinte forma:

> Art. 30-A Nas contratações de serviço continuado, o contratado não tem direito subjetivo à Prorrogação contratual, que objetiva a obtenção de preços e condições mais vantajosas para a Administração, conforme estabelece o art. 57, inciso II da Lei nº 8.666, de 1993.
>
> (...)
>
> § 2º A vantajosidade econômica para prorrogação dos contratos de serviços continuados estará assegurada, sendo dispensada a realização de pesquisa de mercado, quando o contrato contiver previsões de que:
>
> I - os reajustes dos itens envolvendo a folha de salários serão efetuados com base em convenção, acordo coletivo ou em decorrência de lei;
>
> II - os reajustes dos itens envolvendo insumos (exceto quanto a obrigações decorrentes de acordo ou convenção coletiva de trabalho e de Lei) e materiais serão efetuados com base em índices oficiais, previamente definidos no contrato, que guardem a maior correlação possível com o segmento econômico em que estejam inseridos tais insumos ou materiais ou, na falta de qualquer índice setorial, o Índice Nacional de Preços ao Consumidor Amplo – IPCA/IBGE;

Seguindo o mesmo entendimento veio a Instrução Normativa Seges, n.5/2017, que revogou a Instrução Normativa SLTI/MPOG, nº2/2008, a qual dispõe acerca da contratação de serviços sob o regime de execução indireta no âmbito da Administração Pública, assegurando a vantajosidade, dispensando a pesquisa de mercado, seguindo a linha defendida pelo Tribunal de Contas e pelo Ministério Público da União, quando o contrato contiver *previsões de que os reajustes dos itens envolvendo insumos (exceto quanto a obrigações decorrentes de Acordo, Convenção, Dissídio Coletivo de Trabalho ou de lei) e materiais serão efetuados com base em índices oficiais, previamente definidos no contrato, que guardem a maior correlação possível com o segmento econômico em que estejam inseridos tais insumos ou materiais ou, na falta de qualquer índice setorial, o Índice Nacional de Preços ao Consumidor Amplo (IPCA/IBGE).*

Abaixo selecionamos os excertos da INSTRUÇÃO NORMATIVA SEGES/MPDG Nº 5/2017, que tratam dos reajustes e repactuações:

> CAPÍTULO V
> DA GESTÃO DO CONTRATO
> (...)
> Seção III
> Do Acompanhamento e Fiscalização dos Contratos
> (...)
> Subseção VI
> Da Repactuação e do Reajuste de Preços dos Contratos
>
> Art. 53. O ato convocatório e o contrato de serviço continuado deverão indicar o critério de reajustamento de preços, que deverá ser sob a forma de reajuste em sentido estrito, com a previsão de índices específicos ou setoriais, ou por repactuação, pela demonstração analítica da variação dos componentes dos custos.
>
> Art. 54. A repactuação de preços, como espécie de reajuste contratual, deverá ser utilizada nas contratações de serviços continuados com regime de dedicação exclusiva de mão de obra, desde que seja observado o interregno mínimo de um ano das datas dos orçamentos aos quais a proposta se referir.
>
> § 1º A repactuação para fazer face à elevação dos custos da contratação, respeitada a anualidade disposta no caput, e que vier a ocorrer durante a vigência do contrato, é direito do contratado e não poderá alterar o equilíbrio econômico e financeiro dos contratos, conforme estabelece o inciso XXI do art. 37 da Constituição da República Federativa do Brasil, sendo assegurado ao prestador receber pagamento mantidas as condições efetivas da proposta.
>
> § 2º A repactuação poderá ser dividida em tantas parcelas quanto forem necessárias, em respeito ao princípio da anualidade do reajuste dos preços da contratação, podendo ser realizada em momentos distintos para discutir a variação de custos que tenham sua anualidade resultante em datas

diferenciadas, tais como os custos decorrentes da mão de obra e os custos decorrentes dos insumos necessários à execução do serviço.

§ 3º Quando a contratação envolver mais de uma categoria profissional, com datas-bases diferenciadas, a repactuação deverá ser dividida em tantos quanto forem os Acordos, Convenções ou Dissídios Coletivos de Trabalho das categorias envolvidas na contratação.

§ 4º A repactuação para reajuste do contrato em razão de novo Acordo, Convenção ou Dissídio Coletivo de Trabalho deve repassar integralmente o aumento de custos da mão de obra decorrente desses instrumentos.
(...)
Art. 61. O reajuste em sentido estrito, como espécie de reajuste contratual, consiste na aplicação de índice de correção monetária previsto no contrato, que deverá retratar a variação efetiva do custo de produção.

§ 1º É admitida estipulação de reajuste em sentido estrito nos contratos de prazo de duração igual ou superior a um ano, desde que não haja regime de dedicação exclusiva de mão de obra.

§ 2º O reajuste em sentido estrito terá periodicidade igual ou superior a um ano, sendo o termo inicial do período de correção monetária ou reajuste, a data prevista para apresentação da proposta ou do orçamento a que essa proposta se referir, ou, no caso de novo reajuste, a data a que o anterior tiver se referido.

§ 3º São nulos de pleno direito quaisquer expedientes que, na apuração do índice de reajuste, produzam efeitos financeiros equivalentes aos de reajuste de periodicidade inferior à anual.

§ 4º Nos casos em que o valor dos contratos de serviços continuados sejam preponderantemente formados pelos custos dos insumos, poderá ser adotado o reajuste de que trata este artigo.

ANEXO IX
DA VIGÊNCIA E DA PRORROGAÇÃO
(...)
3. Nas contratações de serviços continuados, o contratado não tem direito subjetivo à prorrogação contratual que objetiva a obtenção de preços e condições mais vantajosas para a Administração, podendo ser prorrogados, a cada 12 (doze) meses, até o limite de 60 (sessenta) meses, desde que a instrução processual contemple:
a) estar formalmente demonstrado que a forma de prestação dos serviços tem natureza continuada;
b) relatório que discorra sobre a execução do contrato, com informações de que os serviços tenham sido prestados regularmente;
c) justificativa e motivo, por escrito, de que a Administração mantém interesse na realização do serviço;
d) comprovação de que o valor do contrato permanece economicamente vantajoso para a Administração;
e) manifestação expressa da contratada informando o interesse na prorrogação; e
f) comprovação de que o contratado mantém as condições iniciais de habilitação.
4. A comprovação de que trata a alínea "d" do item 3 acima deve ser precedida de análise entre os preços contratados e aqueles praticados no mercado de modo a concluir que a continuidade da contratação é mais vantajosa que a realização de uma nova licitação, sem prejuízo de eventual negociação com a contratada para adequação dos valores àqueles encontrados na pesquisa de mercado.
(...)
7. A vantajosidade econômica para prorrogação dos contratos com mão de obra exclusiva estará assegurada, sendo dispensada a realização de pesquisa de mercado, nas seguintes hipóteses:
a) quando o contrato contiver previsões de que os reajustes dos itens envolvendo a folha de salários serão efetuados com base em Acordo, Convenção, Dissídio Coletivo de Trabalho ou em decorrência de lei;
b) quando o contrato contiver previsões de que os reajustes dos itens envolvendo insumos (exceto quanto a obrigações decorrentes de Acordo, Convenção, Dissídio Coletivo de Trabalho ou de lei) e materiais serão efetuados com base em índices oficiais, previamente definidos no contrato, que guardem a maior correlação possível com o segmento econômico em que estejam inseridos tais

insumos ou materiais ou, na falta de qualquer índice setorial, o Índice Nacional de Preços ao Consumidor Amplo (IPCA/IBGE); e (grifo nosso)
c) no caso dos serviços continuados de limpeza, conservação, higienização e de vigilância, os valores de contratação ao longo do tempo e a cada prorrogação serão iguais ou inferiores aos limites estabelecidos em ato normativo da Secretaria de Gestão do Ministério do Planejamento, Desenvolvimento e Gestão.

4. Repactuação

Considerado pela doutrina o critério de reajuste mais polêmico da administração pública, por sua dificuldade de compreensão e pela falta de definição legal como instituto jurídico. A repactuação não é um procedimento expressamente definido em lei, porém na prática administrativa.

Sendo um procedimento criado no âmbito administrativo, o assunto foi sendo consolidado nas decisões do Tribunal de Contas da União e pela Advocacia Geral da União, que se manifestou sobre a matéria em diverso pareceres.

A previsão regulamentar da repactuação ocorreu no art. 5 do Decreto nº2.271, de 7 de julho de 1997, que dispõe sobre a contratação de serviços pela Administração Pública Federal direta, Autárquica e funcional, in verbis:

> Art. 5º. Os contratos de que trata este Decreto, que tenham por objeto a prestação de serviços executados de forma contínua poderão, desde que previsto no edital, admitir repactuação visando a adequação aos novos preços de mercado, observados o interregno mínimo de um ano e a demonstrarão analítica da variação dos componentes dos custos do contrato, devidamente justificada.

O Decreto nº 2.271/1997 regulamentou o art. 10 do Decreto Lei nº200/97, este descentralizou a administração mediante contrato com a empresa privada, e aquele definiu, no art. 1º, que "no âmbito da Administração Pública Federal direta, autárquica e fundacional poderão ser objeto de execução indireta as atividades materiais acessórias, instrumentais ou complementares aos assuntos que constituem área de competência legal do órgão ou entidade".

No art. 4, inciso I, do Decreto nº 2.271/1997, veda para contratação exclusiva de serviços, "indexação de preços por índices gerais, setoriais ou que reflitam a variação de custos", o objeto exclusiva do fornecimento de mão de obra, e no art. 5 o Decreto admitir repactuação para os contratos que tenham por objeto a prestação de serviços executados de forma contínua, desde que previsto no edital, visando a adequação aos novos preços de mercado, observados o interregno mínimo de um ano e a demonstrarão analítica da variação dos componentes dos custos do contrato.

Contextualizando, a repactuação surge como decorrência da implementação do Plano Real e como justificativa para estancar as correções dos valores dos contratos de prestação de serviços a partir do processo inflacionário desmesurado existente no Brasil naquele período, por isso a proibição de indexação de preços por índices gerais.

Ainda no mesmo ano o procedimento da repactuação foi regulamentado pela Instrução Normativa n.18, de 22 de dezembro de 1997, do então Ministério da Administração Federal e Reforma do Estado – MARE. Apesar da normalização ainda existiam muitas lacunas, que causavam muitas discussões, fazendo necessária a edição da Instrução Normativa SLTI nº2/2008, de 30 de abril de 2008, pelo Ministério do Planejamento e Gestão, a qual tratou da repactuação nos arts. 37 a 41, a fim de padronizar e uniformizar o entendimento do tema para Administração Pública.

Dentre os pontos que esclarecidos através da Edição da IN nº2/2008, destaca-se a contagem do interregno mínimo de um ano, os requisitos e prazos para o deferimento do pedido, a forma jurídica de sua instrumentalização, os efeitos financeiros da repactuação, a compatibilidade do preço contratado com aqueles praticados no mercado, e sobre pagamentos retroativos. O assunto foi disposto na Instrução Normativa nº2/2008, da seguinte forma:

DA REPACTUAÇÃO DE PREÇOS DOS CONTRATOS

Art. 37. Será admitida a repactuação dos preços dos serviços continuados contratados com prazo de vigência igual ou superior a doze meses, desde que seja observado o interregno mínimo de um ano.

Art. 38. O interregno mínimo de 1 (um) ano para a primeira repactuação será contado a partir:

I - da data limite para apresentação das propostas constante do instrumento convocatório; ou

II - da data do orçamento a que a proposta se referir, admitindo-se, como termo inicial, a data do acordo, convenção ou dissídio coletivo de trabalho ou equivalente, vigente à época da apresentação da proposta, quando a maior parcela do custo da contratação for decorrente de mão de obra e estiver vinculado às datas-base destes instrumentos.

Parágrafo único. Quando a contratação envolver mais de uma categoria profissional, com datas-base diferenciadas, a data inicial para a contagem da anualidade será a data-base da categoria profissional que represente a maior parcela do custo de mão de obra da contratação pretendida;

Art. 39. Nas repactuações subseqüentes à primeira, a anualidade será contada a partir da data da última repactuação ocorrida.

Art. 40. As repactuações serão precedidas de solicitação da contratada, acompanhada de demonstração analítica da alteração dos custos, por meio de apresentação da planilha de custos e formação de preços e do novo acordo ou convenção coletiva que fundamenta a repactuação.

§ 1º É vedada a inclusão, por ocasião da repactuação, de benefícios não previstos na proposta inicial, exceto quando se tornarem obrigatórios por força de instrumento legal, sentença normativa, acordo coletivo ou convenção coletiva.

§ 2º Quando da solicitação da repactuação, esta somente será concedida mediante negociação entre as partes, considerando-se:

I - os preços praticados no mercado e em outros contratos da Administração;

II - as particularidades do contrato em vigência;

III - o novo acordo ou convenção coletiva das categorias profissionais;

IV - a nova planilha com a variação dos custos apresentada;

V - indicadores setoriais, tabelas de fabricantes, valores oficiais de referência, tarifas públicas ou outros equivalentes; e

VI - a disponibilidade orçamentária do órgão ou entidade contratante.

§ 3º A decisão sobre o pedido de repactuação deve ser feita no prazo máximo de sessenta dias, contados a partir da solicitação e da entrega dos comprovantes de variação dos custos.

§ 4º No caso de repactuação, será lavrado termo aditivo ao contrato vigente.

§ 5º O prazo referido no parágrafo anterior ficará suspenso enquanto a contratada não cumprir os atos ou apresentar a documentação solicitada pela contratante para a comprovação da variação dos custos.

§ 6º O órgão ou entidade contratante poderá realizar diligências para conferir a variação de custos alegada pela contratada.

Art. 41. Os novos valores contratuais decorrentes das repactuações terão suas vigências iniciadas observando-se o seguinte:

I - a partir da assinatura do termo aditivo;

II - em data futura, desde que acordada entre as partes, sem prejuízo da contagem de periodicidade para concessão das próximas repactuações futuras; ou

III - em data anterior à repactuação, exclusivamente quando a repactuação envolver revisão do custo de mão de obra e estiver vinculada a instrumento legal, acordo, convenção ou sentença normativa que contemple data de vigência retroativa, podendo esta ser considerada para efeito de compensação do pagamento devido, assim como para a contagem da anualidade em repactuações futuras;

§ 1º No caso previsto no inciso III, o pagamento retroativo deverá ser concedido exclusivamente para os itens que motivaram a retroatividade, e apenas em relação à diferença porventura existente.

§ 2º A Administração deverá assegurar-se de que os preços contratados são compatíveis com aqueles praticados no mercado, de forma a garantir a continuidade da contratação mais vantajosa.

§ 3º A Administração poderá prever o pagamento retroativo do período que a proposta de repactuação permaneceu sob sua análise, por meio de Termo de Reconhecimento de Dívida.

§ 4º Na hipótese do parágrafo anterior, o período que a proposta permaneceu sob a análise da Administração será contado como tempo decorrido para fins de contagem da anualidade da próxima repactuação.

Em 16 de outubro de 2009, foi publicada a Instrução Normativa SLTI/MPOG nº3/2009, que alterou a redação da Instrução Normativa nº2/2008, dando uma nova redação alguns dispositivos da IN nº2/2008, inclusive, alterando a redação dos dispositivos que tratam da repactuação. Passando a IN nº2/2008 a viger com a seguinte redação:

DA REPACTUAÇÃO DE PREÇOS DOS CONTRATOS

Art. 37. A repactuação de preços, como espécie de reajuste contratual, deverá ser utilizada nas contratações de serviços continuados com dedicação exclusiva de mão de obra, desde que seja observado o interregno mínimo de um ano das datas dos orçamentos aos quais a proposta se referir, conforme estabelece o art. 5º do Decreto nº 2.271, de 1997. (Redação dada pela Instrução Normativa nº 3, de 16 de outubro de 2009)

§ 1º A repactuação para fazer face à elevação dos custos da contratação, respeitada a anualidade disposta no caput, e que vier a ocorrer durante a vigência do contrato, é direito do contratado, e não poderá alterar o equilíbrio econômico e financeiro dos contratos, conforme estabelece o art. 37, inciso XXI da Constituição da República Federativa do Brasil, sendo assegurado ao prestador receber pagamento mantidas as condições efetivas da proposta. (Incluído pela Instrução Normativa nº 3, de 16 de outubro de 2009)

§ 2º A repactuação poderá ser dividida em tantas parcelas quanto forem necessárias em respeito ao princípio da anualidade do reajuste dos preços da contratação, podendo ser realizada em momentos distintos para discutir a variação de custos que tenham sua anualidade resultante em datas diferenciadas, tais como os custos decorrentes da mão de obra e os custos decorrentes dos insumos necessários à execução do serviço. (Incluído pela Instrução Normativa nº 3, de 16 de outubro de 2009)

§ 3º Quando a contratação envolver mais de uma categoria profissional, com datas-base diferenciadas, a repactuação deverá ser dividida em tantas quanto forem os acordos, dissídios ou convenções coletivas das categorias envolvidas na contratação. (Incluído pela Instrução Normativa nº 3, de 16 de outubro de 2009)

§ 4º A repactuação para reajuste do contrato em razão de novo acordo, dissídio ou convenção coletiva deve repassar integralmente o aumento de custos da mão de obra decorrente desses instrumentos. (Incluído pela Instrução Normativa nº 3, de 16 de outubro de 2009)

Art. 38. O interregno mínimo de 1 (um) ano para a primeira repactuação será contado a partir:

I - da data limite para apresentação das propostas constante do instrumento convocatório, em relação aos custos com a execução do serviço decorrentes do mercado, tais como o custo dos materiais e equipamentos necessários à execução do serviço; ou (Redação dada pela Instrução Normativa nº 3, de 16 de outubro de 2009)

II - da data do acordo, convenção ou dissídio coletivo de trabalho ou equivalente, vigente à época da apresentação da proposta, quando a variação dos custos for decorrente da mão de obra e estiver vinculada às datas-base destes instrumentos. (Redação dada pela Instrução Normativa nº 3, de 16 de outubro de 2009)

Parágrafo único. (Revogado pela Instrução Normativa nº 18 de dezembro de 2009)

Art. 39. Nas repactuações subseqüentes à primeira, a anualidade será contada a partir da data do fato gerador que deu ensejo à última repactuação. (Redação dada pela Instrução Normativa nº 3, de 16 de outubro de 2009)

Art. 40. As repactuações serão precedidas de solicitação da contratada, acompanhada de demonstração analítica da alteração dos custos, por meio de apresentação da planilha de custos e formação de preços ou do novo acordo convenção ou dissídio coletivo que fundamenta a repactuação, conforme for a variação de custos objeto da repactuação. (Redação dada pela Instrução Normativa nº 3, de 16 de outubro de 2009)

§ 1º É vedada a inclusão, por ocasião da repactuação, de benefícios não previstos na proposta inicial, exceto quando se tornarem obrigatórios por força de instrumento legal, sentença normativa, acordo coletivo ou convenção coletiva.

§ 2º Quando da solicitação da repactuação para fazer jus a variação de custos decorrente do mercado, esta somente será concedida mediante a comprovação pelo contratado do aumento dos custos, considerando-se: (Redação dada pela Instrução Normativa nº 3, de 16 de outubro de 2009)

I - os preços praticados no mercado ou em outros contratos da Administração; (Redação dada pela Instrução Normativa nº 3, de 16 de outubro de 2009)

II - as particularidades do contrato em vigência;

III - (Revogado pela Instrução Normativa nº 04, de 11 de novembro de 2009.)

IV - a nova planilha com variação dos custos apresentada; (Redação dada pela Instrução Normativa nº 04, de 11 de novembro de 2009)

V – indicadores setoriais, tabelas de fabricantes, valores oficiais de referência, tarifas públicas ou outros equivalentes; e (Redação dada pela Instrução Normativa nº 04, de 11 de novembro de 2009)

VI - a disponibilidade orçamentária do órgão ou entidade contratante.

§ 3º A decisão sobre o pedido de repactuação deve ser feita no prazo máximo de sessenta dias, contados a partir da solicitação e da entrega dos comprovantes de variação dos custos.

§ 4º - As repactuações, como espécie de reajuste, serão formalizadas por meio de apostilamento, e não poderão alterar o equilíbrio econômico e financeiro dos contratos, exceto quando coincidirem com a prorrogação contratual, em que deverão ser formalizadas por aditamento. (Redação dada pela Instrução Normativa nº 3, de 16 de outubro de 2009)

§ 5º O prazo referido no § 3º ficará suspenso enquanto a contratada não cumprir os atos ou apresentar a documentação solicitada pela contratante para a comprovação da variação dos custos; (Redação dada pela Instrução Normativa nº 3, de 16 de outubro de 2009)

§ 6º O órgão ou entidade contratante poderá realizar diligências para conferir a variação de custos alegada pela contratada.

§ 7º As repactuações a que o contratado fizer jus e não forem solicitadas durante a vigência do contrato, serão objeto de preclusão com a assinatura da prorrogação contratual ou com o encerramento do contrato. (Incluído pela Instrução Normativa nº 3, de 16 de outubro de 2009)

Art. 41. Os novos valores contratuais decorrentes das repactuações terão suas vigências iniciadas observando-se o seguinte:

I - a partir da ocorrência do fato gerador que deu causa à repactuação; (Redação dada pela Instrução Normativa nº 3, de 16 de outubro de 2009)

II - em data futura, desde que acordada entre as partes, sem prejuízo da contagem de periodicidade para concessão das próximas repactuações futuras; ou

III - em data anterior à ocorrência do fato gerador, exclusivamente quando a repactuação envolver revisão do custo de mão-de-obra em que o próprio fato gerador, na forma de acordo, convenção ou sentença normativa, contemplar data de vigência retroativa, podendo esta ser considerada para efeito de compensação do pagamento devido, assim como para a contagem da anualidade em repactuações futuras; (Redação dada pela Instrução Normativa nº 3, de 16 de outubro de 2009)

§1º. Os efeitos financeiros da repactuação deverão ocorrer exclusivamente para os itens que a motivaram, e apenas em relação à diferença porventura existente. (Redação dada pela Instrução Normativa nº 3, de 16 de outubro de 2009)

§ 2º (revogado). (Revogado pela Instrução Normativa nº 3, de 16 de outubro de 2009)

§ 3º (revogado). (Revogado pela Instrução Normativa nº 3, de 16 de outubro de 2009)

§ 4º (revogado). (Revogado pela Instrução Normativa nº 3, de 16 de outubro de 2009)

Art. 41-A As repactuações não interferem no direito das partes de solicitar, a qualquer momento, a manutenção do equilíbrio econômico dos contratos com base no disposto no art. 65 da Lei nº 8.666, de 1993. (Incluído pela Instrução Normativa nº 3, de 16 de outubro de 2009)

Art. 41-B A empresa contratada para a execução de remanescente de serviço tem direito à repactuação nas mesmas condições e prazos a que fazia jus a empresa anteriormente contratada, devendo os seus preços serem corrigidos antes do início da contratação, conforme determina o art. 24, inciso XI da Lei nº 8.666, de 1993. (Incluído pela Instrução Normativa nº 3, de 16 de outubro de 2009)

A partir da alteração formalizada pela instrução normativa nº3, de 16 de outubro de 2009, a repactuação passa a ser conceituada como espécie de reajuste contratual (caput do art.37) e como direito do contratado (§ 1º), não podendo alterar o equilíbrio econômico e financeiro dos contratos, conforme estabelece o art.37, inciso XXI da Constituição da República Federativa do Brasil.

A Instrução Normativa nº3/2009, fez alterações substanciais, que aperfeiçoa o entendimento normativo sobre repactuação como instrumento de realinhamento de preço do contrato, entre os quais merecem destaque:

1. 1. §2º, do art.37, disciplinou a divisão da repactuação em tantas parcelas quanto forem necessárias em respeito ao princípio da anualidade do reajuste dos preços da contratação, bem como a previsão para a realização das repactuações em momentos distintos para discutir a variação de custos que tenham sua anualidade resultante em datas diferenciadas, tais como os custos decorrentes da mão de obra e os custos decorrentes dos insumos necessários à execução do serviço;

2. 2. § 4º do art. 37, foi previsto, também, repassar integralmente o aumento de custos da mão de obra para reajuste do contrato em razão de novo acordo, dissídio ou convenção coletiva;

3. 3. O art. 38, deu tratamento específico para a contagem do interregno mínimo para a repactuação de custos dos materiais e equipamentos necessários à execução do serviço (inc. I) e para os custos de mão de obra (inc. II);
4. 4. A alteração ocorrida no art. 39 foi substancial, adotou o fato gerador da última repactuação como termo inicial para a contagem da anualidade para repactuações subsequentes;
5. 5. Foi na In nº3/2009, art. 40, no § 4º, que ocorreu a substituição do termo aditivo pelo apostilamento, como forma de instrumentalização da repactuação, além de reconhecer que a repactuação é motivada pela variação dos custos dos insumos ou da mão de obra, conforme o caso, admitindo que cada custo tem uma forma específica de demonstração de variação e estabelece que a comprovação da variação de custos deve considerar a comparação alternativa com preços praticados no mercado ou com outros contratos da Administração; as alterações do §2º do art. 40 denotam certa confusão, porque substitui a apresentação do acordo ou convenção coletiva pela planilha com variação dos custos, e passa a redação do inc. V da IN SLTI MOPG n. 02/2008 para o inc. IV da IN SLTI/MPOG n. 03/2009, mas em seguida revoga o inc. V; e o §5º apenas corrige uma referência ao §3º; inclui-se a redação do §7º para prever o reconhecimento da preclusão lógica de repactuações não solicitadas antes da assinatura do termo aditivo ou do encerramento do contrato;
6. 6. E o art. 41 estabeleceu a ocorrência do fato gerador que deu causa à repactuação como o termo inicial da vigência dos novos valores (inc. I); estabelece que os novos valores podem viger em data anterior à ocorrência do fato gerador exclusivamente quanto à revisão de mão de obra quando o acordo, convenção coletiva ou sentença normativa contemplar vigência retroativa; dispõe que os efeitos da repactuação deverão ocorrer exclusivamente para os itens que a motivaram e apenas em relação à diferença porventura existente; incluiu-se o art. 41-A, relativamente à preservação do direito de reequilíbrio econômico e o art. 41-B, sobre o direito à repactuação da contratada para a execução de remanescente de serviço.

A instrução Normativa nº5/2017, que revogou a instrução normativa nº2/2008, é a atual norma infralegal que dispõe sobre as regras e diretrizes do procedimento de contratação de serviços sob o regime de execução indireta no âmbito da Administração Pública federal direta, autárquica e fundacional.

A nova norma o instituto repactuação fica consolidado como espécie de reajuste contratual, pela demonstração analítica da variação dos componentes dos custos, é direito do contratado, que deverá ser utilizada nas contratações de serviços continuados com regime de dedicação exclusiva de mão de obra, após o mínimo de 1 (um) ano, desde a data prevista para apresentação da proposta, ou do orçamento a que essa se referir, de modo a garantir a manutenção da equação econômico-financeira da proposta inicial.

A repactuação poderá ser dividida em tantas parcelas quanto forem necessárias, em respeito ao princípio da anualidade do reajuste dos preços da contratação, podendo ser realizada em momentos distintos para discutir a variação de custos que tenham sua anualidade resultante em datas diferenciadas, tais como os custos decorrentes da mão de obra e os custos decorrentes dos insumos necessários à execução.

Portanto, o fato gerador da repactuação é a data base da categoria contratada, devendo ser observado o princípio da anualidade para as respectivas concessões do equilíbrio econômico-financeiro do contrato.

O princípio da anualidade é importante principalmente para contagem inicial para repactuação e reajuste.

O reajuste stricto sensu é aplicado aos contratos prestados sem dedicação exclusiva de mão de obra ou em contratos prestados com dedicação exclusiva da mão de obra em que haja aplicação de insumos não decorrentes de Acordo, Convenção, Dissídio Coletivo de Trabalho e de lei, e de materiais aplicados na prestação de serviços, a exemplo, de limpeza e conservação e de manutenção predial, e tem como marco inicial a data da apresentação da proposta, ou seja, a data em que ocorre a realização da sessão pública da licitação (inc. I do art.55, da IN nº5/2017).

Na repactuação, a contagem para a anualidade não se inicia com a sessão pública e sim com a data do orçamento a que a proposta se referir, assim entendido o Acordo, Convenção ou Dissídio Coletivo de Trabalho, para os custos decorrentes de mão de obra (inc. II do art.55 da IN nº5/2017).

Essa diferença é importante porque no mesmo contrato de prestação de serviços com dedicação exclusiva de mão de obra, por exemplo, limpeza e conservação, pode existir a ocorrência das duas espécies de reajustamento de preços – reajuste e repactuação, contudo, com fatos geradores distintos e momentos diferentes de aplicação.

A IN nº 05/2017 estabelece como fato gerador da repactuação a data do Acordo, Convenção, Dissídio Coletivo de Trabalho ou equivalente vigente à época da apresentação da proposta, podendo ter origem na Convenção Coletiva de Trabalho (CCT); Acordo Coletivo de Trabalho (ACT); ou Sentença normativa (SN).

Nas repactuações subsequentes à primeira, a anualidade será contada partir da data do fato gerador que deu ensejo à última repactuação, caput do art.56 da IN nº5/2017.

No entanto, o reajuste tem como marco inicial a data da apresentação da proposta, ou seja, a data em que ocorre a realização da sessão pública da licitação.

Essa diferenciação é muito importante para cálculos dos efeitos financeiros, que deverá levar em consideração os conceitos de anualidade e fator gerador. E a data base da categoria da data do Acordo, Convenção, Dissídio Coletivo de trabalho ou Sentença Normativa.

A data base da categoria indica o fator gerador, enquanto a data da CCT, ACT e CN informa a partir de quando produzirá os efeitos financeiros da repactuação, que poderá ser retroativo, coincidindo com a data base, exclusivamente quando revisão envolver revisão do custo de mão de obra em que o próprio fato gerador, na forma de Acordo, Convenção ou Dissídio Coletivo de Trabalho, contemplar data de vigência retroativa, podendo esta ser considerada para efeitos de compensação do pagamento devido, ou apresentar efeitos prospectivos, contagem da anualidade em repactuações futuras, inc. III , da IN nº5/2017.

Os efeitos financeiros da repactuação deverão ocorrer exclusivamente para os itens que o motivaram e apenas em relação à diferença porventura existente.

5. Conclusão

A manutenção do equilíbrio econômico dos contratos com base no art. 65 da Lei nº8.666, de 1993, a doutrina aborda o mesmo tema com a denominação de revisão e recomposição. É baseado na Teoria da Imprevisão, a revisão dos preços pode ocorrer a qualquer momento (até um dia após a assinatura do contrato por exemplo). Basta imaginar um aumento abrupto do petróleo em contratos de fornecimento de combustível gasolina. O contratado terá direito a essa revisão dos preços anteriormente propostos.

O reequilíbrio econômico-financeiro é o conjunto de mecanismos postos a disposição das partes para restabelecer o equilíbrio original entre recursos do contratado (remuneração, insumos diversos, tributos, custos indiretos e lucros) e a retribuição da Administração.

As repactuações não interferem no direito das partes de solicitar, a qualquer momento, a manutenção do equilíbrio econômico os contratos com base no art. 65 da Lei nº8.666, de 1993.

Reajuste é instrumento legal para manter o equilíbrio econômico-financeiro do contrato de execução continuada em função da elevação dos custos dos insumos.

No reajuste, apenas se produz a incidência de um índice de variação de preço, na repactuação (e na revisão) produz-se uma análise da efetiva variação de custos.

6. Referências

Di Pietro, Maria Sylvia Zanella. Direito Administrativo. 19ª ed, São Paulo, Atlas, 2006.

Filho, Marçal Justen. Repactuação e Reajuste nos Contratos de Serviços Continuados da Administratação Indireta. Disponível em:<http: //justenfilho.com.br/wp-content/uploads/2008/12/81.pdf.

Instrução Normativa Seges/MP n°05, de 2017.

Moreira, Jorge Alexandre. Repactuação de Contratos de Prestação de Serviços de Execução Continuada, Advogado da União. Disponível em <http://www.agu.gov.br/page/download/index/id/12190325.

Ribeiro, Ricardo Silveira, Terceirizações na Administração Pública e equilíbrio Econômico dos Contratos Administrativos: repactuação, reajuste e revisão, Belo Horizonte, 2016.

AS ATIVIDADES DE REPACTUAÇÃO, REAJUSTE E REEQUILÍBRIO ECONÔMICO-FINANCEIRO DOS CONTRATOS ADMINISTRATIVOS, O IMPACTO NO ORÇAMENTO PÚBLICO DAS ENTIDADES PÚBLICAS E A LEI DE RESPONSABILIDADE FISCAL

Luiz Eduardo Pinheiro Nistal

1. Introdução

O Orçamento Público, seus elementos, segundo a Lei de Responsabilidade Fiscal, deve ocorrer de forma planejada na busca constante de equilíbrio "4o A lei de diretrizes orçamentárias atenderá o disposto no § 2o do art. 165 da Constituição e: I - disporá também sobre: a) equilíbrio entre receitas e despesas" (BRASIL, 2000).

Dentre as contas que compõem e representam boa parte do Orçamento Público, estão os contratos administrativos, especialmente os de serviços contínuos, que segundo a legislação, Lei nº 8.666, de 21 de junho de 1993, tem duração de 12 meses podendo ser renovados pelo mesmo período de tempo até o limite de 60 meses (BRASIL, 1993). No entanto, nesse período de tempo os insumos, principalmente a mão de obra, podem sofrer variação nos seus valores, que, se não forem repassados para os valores praticados no contrato, afetam o equilíbrio econômico-financeiro das contratadas.

A legislação permite o repasse dos aumentos dos custos dos insumos, com prévia determinação nos contratos e solicitação das contratadas, por meio de um instrumento denominado repactuação, conforme se observa no Art. 39 da Instrução Normativa nº 5, de 26 de maio de 2017.

Outrossim, existem outros contratos administrativos e outras formas de alteração dos valores praticados nos contratos, quais sejam: reajuste e reequilíbrio econômico-financeiro. Todos esses instrumentos provocam alteração na composição do Orçamento Público.

Questiona-se, assim, qual a relação entre as atividades de repactuação, reajuste e reequilíbrio econômico-financeiro dos contratos administrativos com o Orçamento Público e como as alterações no Orçamento por conta das referidas atividades devem ser acompanhadas para que os gestores públicos possam estar condizentes com a Lei de Responsabilidade Fiscal.

Desta forma, um estudo para entender a relação existentes entre essas atividades e as responsabilidades imposta aos gestores do orçamento público, principalmente dos órgãos e entidades públicas, justifica-se uma vez que, após a entrada em vigor da Lei de Responsabilidade Fiscal, a preocupação com o equilíbrio orçamentário e com as variáveis que façam o Orçamento Público alterar se tornou maior.

Com o tema o orçamento público e a Lei de Responsabilidade Fiscal, mais especificamente, a relação entre as atividades de repactuação, reajuste e reequilíbrio econômico-financeiro dos contratos administrativos, o orçamento público das entidades públicas e a Lei de Responsabilidade Fiscal, o presente trabalho tem como objeto geral discutir a relação entre as atividades de repactuação, reajuste e reequilíbrio econômico-financeiro dos contratos administrativos, o orçamento público e a Lei de Responsabilidade Fiscal.

Os objetivos específicos são: I - Estudar o conceito e os elementos de Orçamento Público; II - Conceituar as atividades de repactuação, reajuste, reequilíbrio econômico-financeiro dos contratos administrativos; III - Analisar a Lei de Responsabilidade Fiscal; IV - Traçar a relação entre o Orçamento Público, Lei de Responsabilidade Fiscal e as atividades de repactuação, reajuste e reequilíbrio econômico-financeiro dos contratos administrativos.

Desse modo, este artigo foi estruturado em dois tópicos, "Orçamento Público, Lei de Responsabilidade Fiscal e o Reajuste, Repactuação e Reequilíbrio Econômico e Financeiro dos Contratos Administração", no qual são apresentados a metodologia, os conceitos e os elementos de orçamento público, os conceitos das atividades de reajustamento dos contratos administrativos, a análise da lei de responsabilidade fiscal e foi traçado a relação entre eles. O outro tópico, "Considerações Finais", conclui o trabalho, respondendo as questões levantadas nesta introdução.

2. Orçamento Público, Lei De Responsabilidade Fiscal E O Reajuste, Repactuação E Reequilíbrio Econômico E Financeiro Dos Contratos Administrativos

Nascimento e Debus (2002) apresentam os postulados nos quais se estabeleceu a Lei de Responsabilidade Fiscal, dentre os quais está: "prevenção de riscos e correção de desvios que afetem o equilíbrio das contas públicas" e ainda "garantia de equilíbrio nas contas, via cumprimento de metas de resultados entre receitas e despesas".

Para Lei de Responsabilidade Fiscal o "equilíbrio das contas" é um conceito diferente do equilíbrio orçamentário, definido pela Lei 4.320, de 1964. Nas palavras de Nascimento e Debus (2002) "o equilíbrio a ser buscado é o equilíbrio autossustentável, ou seja, aquele que prescinde de operações de crédito e, portanto, sem aumento da dívida pública".

A questão não é excluir um conceito em benefício de outro, mas permitir que o Orçamento Público seja constituído de forma equilibrada, nas quais as despesas estejam precedidas de receita, fazendo o Planejar a principal virtude do gestor público.

Segundo Lima e Castro (2003), as Despesas Públicas podem ser definidas como o conjunto de dispêndios do Estado, ou outras Entidades Públicas, para o funcionamento dos serviços públicos. Desta forma, as despesas públicas estão nas atividades fins e meio da administração pública, principalmente, para execução das atividades meio, pela contratação terceiros.

O contrato administrativo "é o ajuste que a Administração Pública, agindo nessa qualidade, firma com o particular ou outra entidade administrativa para a consecução de objetivos de interesse público, nas condições estabelecidas pela própria Administração Pública" (MEIRELLES, 2012).

Os valores pactuados no contrato, no entanto, não são valores fixos nas despesas públicas, podem ser alterados ao longo da vigência do contrato por meio dos instrumentos de repactuação, reajuste ou reequilíbrio econômico, influenciando positiva ou negativamente as Despesas Públicas, devendo, portanto, ganhar importância para Gestor Público e o planejamento do orçamento público, a fim de se cumprir com a Lei de Responsabilidade fiscal.

2.1 Metodologia

O presente artigo é uma pesquisa bibliográfica em livros, artigos, legislação e jurisprudências pertinentes ao Orçamento Público, Lei de Responsabilidade Fiscal e as atividades de repactuação, reajuste e reequilíbrio econômico-financeiro dos contratos administrativos.

Nesse sentido, para estudar o conceito e os elementos de Orçamento Público utilizou-se o material da Escola Nacional de Administração Pública - ENAP (2014), intitulado Orçamento Público: Conceitos Básicos, bem como a apostila de Julianne Garofani (2017), Orçamento Público; Para a conceituação das atividades de repactuação, reajuste, reequilíbrio econômico-financeiro dos contratos administrativos a Lei nº 8.666, de 21 de junho de 1993 e a Instrução Normativa nº 5, de 26 de maio de 2017 foram as referências; Em relação a análise da Lei de Responsabilidade Fiscal, a base teórica foi a Lei Complementar nº 101, de 4 de maio de 2000, os materiais da Secretaria do Tesouro

Nacional e Manual do Tesouro Nacional, Entendendo a Lei de Responsabilidade Fiscal de Nascimento e Debus; Por fim foi utilizado o artigo de Lucas Rocha Furtado (2001), A Lei de Responsabilidade Fiscal e as Licitações para traçar a relação entre o Orçamento Público, Lei de Responsabilidade Fiscal e as atividades de repactuação, reajuste e reequilíbrio econômico-financeiro dos contratos administrativos

Em relação ao tipo de estudo e a análise de dados, tendo em vista que o objetivo da pesquisa é discutir a relação das atividades de repactuação, reajuste e reequilíbrio de contratos com o orçamento público e a lei de responsabilidade fiscal, optou-se, portanto, por um estudo descritivo e uma pesquisa qualitativa.

2.1 Orçamento Público

Definido como "instrumento de gestão [...] que os governos usam para organizar os seus recursos financeiros" (ENAP, 2014, pg. 5), o orçamento público evolui ao longo dos anos na busca de minimizar as eventuais externalidades negativas do mercado, ao possibilitar aos governantes uma ferramenta na busca de "manter a estabilidade, melhorar a distribuição de renda e gastar os recursos com mais eficiência [...] ainda, de regular o mercado e prevenir os abusos" (GAROFANI, 2017, pg. 6).

Na busca do cumprimento das funções do Orçamento Público, ao longo da história, como mostra Enap, 2014, pg. 11-12, foram elaboradas diversas técnicas e práticas orçamentárias, a saber:

1. Orçamento Tradicional - conhecido como orçamento clássico, no qual apenas o objeto de gasto é explicitado. Os gastos são apresentados sem serem relacionados com nenhuma finalidade;

2. Orçamento de Desempenho - conhecido como orçamento funcional, no qual se enfatiza o desempenho organizacional, em duas dimensões, objeto de gastos e programa de trabalho;

3. Orçamento - Programa - integrava inicialmente o Sistema de Planejamento, Programação e Orçamentação dos Estados Unidos, no final da década de 1950. Nesse tipo se expressa financeira e fisicamente os programas de trabalho do governo;

4. Orçamento Participativo - nesse tipo, orçamento é elaborado com a participação do Executivo, Legislativo e da população, sendo necessário a transparência dos critérios e das informações norteadoras as tomadas de decisão;

5. Orçamento Base-Zero - desenvolvida pelo Texas Instruments Inc, em 1969, se baseia na análise, avaliação e reavaliação de todos os programas que devem compor o orçamento;

6. Orçamento Incremental (ou Inercial) - neste há a repetição dos orçamentos anter, no qual são alterados os valores das receitas e despesas de acordo com a variação de preços ocorrida no período;

7. Orçamento com Teto Fixo - estabelecimento de um "teto" dos valores orçamentários, que deve ser observado pelos órgãos e entidades públicas para elaboração dos seus programas.

No Brasil a técnica orçamentária utilizada é o Orçamento-Programa, "introduzida na esfera federal pelo Decreto-Lei 200, de 23 de fevereiro de 1967" (ENAP, 2014, pg. 8). Com a Constituição Federal de 1988, o orçamento teve delineado seu modelo de ciclo, que devem ocorrer pela instituição de três leis:

Plano Plurianual (PPA), Lei de Diretrizes Orçamentárias (LDO) e Lei Orçamentária Anual (LOA).

A elaboração é regida por alguns princípios: princípios clássicos e princípios modernos. Segundo Enap, 2014, pg.15-17, os princípios são:

1. **Princípios Orçamentários** **Clássicos, divididos em:** 1. Anualidade - vigência de um exercício financeiro (ano civil); 2. Clareza - orçamento claro e de fácil compreensão a todos; 3. Equilíbrio - os valores previstos para as despesas devem ser compatíveis com os valores previstos para arrecadação; 4. Exclusividade - a lei orçamentária não poderá possuir assuntos estranhos à determinação das despesas e das receitas; 5. Legalidade - as despesas e receitas devem ser fixadas respeitando as limitações legais; 6. Não-afetação (não-vinculação) das receitas - as receitas não devem ser vinculadas a determinada despesa; 7. Publicidade - permitir a todos acesso às informações do orçamento; 8. Unidade Orçamentária - todas as receitas e despesas devem estar inseridas em uma única lei orçamentária; 9. Uniformidade - os dados devem ser homogêneos na elaboração dos orçamentos dos diversos exercícios para ser possível elaborar uma futura comparação; 10. Universalidade - não poderá existir omissões das receitas e despesas, que devem todas estarem na lei orçamentária; 11. Orçamento Bruto - os valores das receitas e despesas que estará no orçamento público são os valores brutos;

2. **Princípios Orçamentários** **Modernos, representados pela:** 1. Simplificação - na elaboração do planejamento e do orçamento deve-se preocupar com a fácil compreensão dos elementos; 2. Descentralização - as ações devem ser executadas pelos níveis mais próximos dos beneficiários; 3. Responsabilidade - a responsabilidade das ações de governo, na busca de solução ou encaminhamento de um problema, devem ser assumidos de forma personalizadas pelos gerentes/administradores.

Dentre os princípios modernos encontra-se a execução da Lei Complementar 101/2000, a Lei de Responsabilidade Fiscal (LRF).

2.2 Lei De Responsabilidade Fiscal

Sancionada em 4 de maio de 2000, a Lei Complementar 101/2000, conhecida como Lei de Responsabilidade Fiscal (LRF), "estabelece, em regime nacional, parâmetros a serem seguidos relativos ao gasto público de cada ente federativo (estados e municípios) brasileiro" (BRASIL, 2017).

Apesar da exigência da Constituição Federal de 1988 tenha determinado uma nova Lei complementar que substituísse a Lei nº 4.320/64, que normatiza as finanças públicas no País há quase 40 anos, porém a LRF tanto não a substitui como não a revogou, mas atende ao artigo 169 da Carta Magna, "que determina o estabelecimento de limites para as despesas com pessoal ativo e inativo da União [...] Neste sentido, ela revoga a Lei Complementar n º 96, de 31 de maio de 1999, a chamada Lei Camata II (artigo 75 da LRF)" (BRASIL, pg. 5).

A elaboração da Lei de Responsabilidade Fiscal teve como base quatro modelos de gestão pública utilizados em outros países. O trabalho publicado pelo Tesouro Nacional, pg. 6, relacionou os modelos: *o Fiscal Transparency, elaborado pelo FMI, o Tratado de Maastricht, seguido pela CEE, o Budget Enforcement Act, dos Estados Unidos da América e o Fiscal Responsibility Act, do governo da Nova Zelândia.*

O objetivo central da LRF é estabelecer normas de finanças públicas voltadas para a responsabilidade na gestão pública. Conforme o citado trabalho do Tesouro Nacional, pg. 10,

> o parágrafo primeiro desse mesmo artigo procura definir o que se entende como "responsabilidade na gestão fiscal", estabelecendo os seguintes postulados: ação planejada e transparente; prevenção de riscos e correção de desvios que afetem o equilíbrio das contas públicas; garantia de equilíbrio nas contas, via cumprimento de metas de resultados entre receitas e despesas, com limites e condições para a renúncia de receita e a geração de despesas com pessoal, seguridade, dívida, operações de crédito, concessão de garantia e inscrição em restos a pagar; (BRASIL, pg. 10)

Em relação à ação planejada, a LRF ratifica os instrumentos utilizados na elaboração do orçamento público, PPA, LDO e LOA. "O que a LRF busca, na verdade, é reforçar o papel da atividade de planejamento e, mais especificamente, a vinculação entre as atividades de planejamento e de execução do gasto público" (BRASIL, 11).

Por último, deve-se destacar que a LRF foi elaborada para ser um instrumento de controle da dívida pública,

> Responsabilidade Fiscal traz uma nova noção de equilíbrio para as contas públicas: o equilíbrio das chamadas "contas primárias", traduzida no Resultado Primário equilibrado. Significa, em outras palavras, que o equilíbrio a ser buscado é o equilíbrio auto-sustentável, ou seja, aquele que prescinde de operações de crédito e, portanto, sem aumento da dívida pública. Esta é a verdadeira tradução do slogan "gastar apenas o que se arrecada" (BRASIL, pg.11)

Com a LRF o ordenador de despesa deve se planejar, determinar metas, e trabalhar no sentido de que as receitas arrecadadas, por mais que inferiores às receitas previstas, devem ser o suficiente para cobrir as despesas correntes, mesmo que para isso, seja preciso reduzir os gastos, na procura constante de manter o equilibrado os resultados primários, para não incorrer nas operações de crédito. Assim, a gestão dos contratos administrativos devem ser prioridades para os gestores da administração pública.

2.3 Reajuste, Repactuação E Reequilíbrio Econômico E Financeiro De Contrato

Para execução das atividades da administração pública, mais especificamente quando se trata das atividades meio, faz-se necessário a contratação de terceiros. No Brasil, a forma de contratação para as entidades públicas é a licitação, cujas normas são instituídas pela Lei no 8.666, de 21 de junho de 1993.

O art. 2o da Lei no 8.666/1993 relaciona o que pode ser licitado, a saber: obras, serviços, inclusive de publicidade, compras, alienações, concessões, permissões e locações da Administração Pública, quando contratadas com terceiros. Os contratos possuem, conforme art. 5o, duração

> ficará adstrita à vigência dos respectivos créditos orçamentários, exceto quanto aos relativos:
> I - aos projetos cujos produtos estejam contemplados nas metas estabelecidas no Plano Plurianual, os quais poderão ser prorrogados se houver interesse da Administração e desde que isso tenha sido previsto no ato convocatório;
> II - à prestação de serviços a serem executados de forma contínua, que poderão ter a sua duração prorrogada por iguais e sucessivos períodos com vistas à obtenção de preços e condições mais vantajosas para a administração, limitada a sessenta meses; (Redação dada pela Lei n° 9.648, de 1998)
> III - (Vetado). (Redação dada pela Lei n° 8.883, de 1994)
> IV - ao aluguel de equipamentos e à utilização de programas de informática, podendo a duração estender-se pelo prazo de até 48 (quarenta e oito) meses após o início da vigência do contrato.
> V - às hipóteses previstas nos incisos IX, XIX, XXVIII e XXXI do art. 24, cujos contratos poderão ter vigência por até 120 (cento e vinte) meses, caso haja interesse da administração. (BRASIL, 1993)

Além da duração e da possibilidade de continuidade do contrato, a referida Lei instrui também a possibilidade de alteração unilateral, redução ou adição, e o reajuste, quando da variação efetiva do custo, do contrato. Complementarmente, a Instrução Normativa nº 5 da Secretaria de Logística e Tecnologia da Informação do Ministério de Orçamento e Gestão, de 26 de maio de 2017, dispõe sobre regras e diretrizes para contratação de serviços, continuados ou não, dentre os quais está, no art. 39, da repactuação de contrato.

A repactuação respeita o princípio do reajuste de contrato, e ocorre em virtude exclusivamente da alteração dos valores dos custos com mão de obra, no interregno de um ano da planilha de custos e formação de preços apresentada pela empresa à época da licitação, sem alterar o equilíbrio econômico e financeiro dos contratos.

Ainda, no item 9 do Anexo IX da da referida Instrução Normativa (Da Vigência e da Prorrogação), há a seguinte previsão:

> A Administração deverá realizar negociação contratual para a redução e/ou eliminação dos custos fixos ou variáveis não renováveis que já tenham sido amortizados ou pagos no primeiro ano da contratação. (BRASIL, 2008)

Desta forma, os valores pactuados no contrato administrativo podem sofrer alterações, a partir do primeiro ano de vigência, por meio de três dispositivos: reajuste, repactuação e reequilíbrio econômico e financeiro (quando se tratar da alteração unilateral e/ou redução dos custos não renováveis).

As variações dos valores contratados em virtude dos citados dispositivos, impactam o orçamento e as finanças das entidades públicas, uma vez que essas atividades impactam na disponibilidade orçamentária por meio do ressarcimento de valores, como reconhecimento de dívida conforme preceitua o inciso III, art. 58 da Instrução Normativa 5/2017, o reforço de empenho destinado ao pagamento dos contratos, e programação orçamentária, caso o contrato termine no ano subsequente ao do seu início.

2.4 Relação Entre Orçamento Público, Lrf E Reajuste, Repactuação E Reequilíbrio Econômico E Financeiro De Contrato

As entidades públicas executam suas atividades por meio de infraestrutura e mão de obra próprios, ou por meio de contratos administrativos. As despesas decorrentes do funcionamento dessas entidades compõem o orçamento público, definidos anualmente pela LOA, e utilizando de princípios, metas e dispositivos da Lei de Responsabilidade Fiscal.

Em se tratando de dispositivos, Furtado, 2001 discorre,

> Diversos dispositivos da LRF afetam a gestão de entidades e órgãos públicos e que, de alguma forma, estão relacionados à execução de despesas decorrentes de contratos celebrados pela Administração Pública. Dentre esses dispositivos da LRF, podemos destacar: (art. 45) que irá orientar o legislador na elaboração da Lei Orçamentária e aprovação de créditos adicionais; (art. 47, I) que trata de empresas controladas pelo Poder Público e que mantenham com o controlador contrato de gestão, (art. 50, § 3º) que determina que a Administração Pública manterá sistema de custos que permita a avaliação e acompanhamento da gestão orçamentária, financeira e patrimonial. Esses dispositivos, como afirmamos, afetam a gestão das unidades administrativas e estão relacionados, de alguma forma, à execução de contratos celebrados pela Administração Pública (FURTADO, 2001, pg 35)

Pelo exposto, verifica-se a relação existente entre o Orçamento, a LRF e o contrato e suas mutações. Essa relação trata principalmente da limitação imposta pela LRF em relação aos créditos adicionais e com a dívida pública. Desta forma ao ser firmado um contrato deve-se observar a duração do mesmo e as possíveis alterações de valores decorrentes principalmente da inflação, das Convenções Coletivas de Trabalho (que alteram os salários e benefícios em diversas categorias) e das possíveis necessidades em se fazer adições unilaterais, e observar as limitações legais em redução do objeto do contrato.

O planejamento dos gastos, incluindo os contratos administrativos, figura-se como uma das preocupações da LRF, que

O art. 15 da LRF dispõe, em primeiro lugar, que serão consideradas não autorizadas, irregulares e lesivas ao patrimônio público a geração de despesa ou assunção de obrigação que não atendam ao disposto em seus artigos 16 e 17.

Nesses termos, a criação, expansão ou aperfeiçoamento de ação governamental que acarrete aumento da despesa deverá ser acompanhado de: I - estimativa do impacto orçamentário-financeiro no exercício em que deva entrar em vigor e nos dois subseqüentes;

II - declaração do ordenador da despesa de que o aumento tem adequação orçamentária e financeira com a lei orçamentária anual e compatibilidade com o plano plurianual e com a lei de diretrizes orçamentárias.

(FURTADO, 2001, pg. 36).

A LRF explicita a necessidade de estimar o impacto orçamentário-financeiro e a adequação orçamentária as despesas e seus aumentos. Neste sentido, acompanhar as repercussões orçamentárias e financeiras decorrentes dos reajustes e repactuações dos contratos é tarefa primeira dos ordenadores de despesas e gestores públicos.

Ainda, cabe a administração pública observar o item 9 do Anexo IX da Instrução Normativa 5/2017, que trata da eliminação dos custos não renováveis ao serem aditivados os contratos. A continuação do contrato, ao observar o citado inciso, pode ser vantajoso para a administração, que evita despesas com uma nova licitação, bem como reduz o valor do contrato, ao eliminar os custos não renováveis.

3. CONSIDERAÇÕES FINAIS

As atividades dos órgãos e entidades públicas são registradas por suas receitas e despesas, principalmente pelas despesas, e tudo isso dentro de um instrumento denominado orçamento público, o qual vem evoluindo, apresentando-se em diversos formatos e alterações ao longo da história.

No Brasil o orçamento público é elaborado no formato de orçamento programa, ou seja, onde estão registrados os programas de trabalho do governo, fisicamente e financeiramente. Ainda deve-se ressaltar que o orçamento além de todos os princípios, deve ser pautado dentro dos limites e parâmetros da Lei de Responsabilidade Fiscal, que desde 2000, procura ser uma ferramenta de controle da dívida pública.

Nesse sentido, destaca-se que dentro das despesas públicas existe o elemento contrato administrativo que estabelece relações entre a administração pública e terceiros para que esses terceiros realizem as atividades de algumas atividades das entidades públicas. Esses contratos estabelecem por um lado o elemento objeto contratado e por outro o valor do mensal, determinando, assim, o quanto a administração pública vai gastar mensal e anualmente ao longo da execução e vigência do mesmo.

Ao longo da vigência do contrato, mudanças de custos ocorridas por aumento da inflação, por mudanças determinadas pelas Convenções Coletivas de Trabalho ou ainda por novas necessidade das entidades públicas em aumentar um objeto contratado, causam alterações nos valores mensais e globais contratados.

Essas alterações têm Impacto diretamente no orçamento público por aumentar as despesas mensais e globais contratados, e também por implicar em reconhecimento de dívida, uma vez que as análises de repactuação e reajuste ocorrem posteriormente as alterações de custos sofridos pelas empresas contratadas.

Neste sentido, o artigo 15 da LRF é bem claro ao determinar que o gestor público, figurado no ordenador de despesa, deve ter os contratos administrativos e os gastos públicos bem planejados para que não ocorra créditos adicionais e, com isso, aumentar a dívida pública. Assim, deve-se destacar uma boa gestão dos contratos administrativos.

A renovação dos contratos, principalmente de serviços contínuos, na sua maioria é vantajosa para administração pública, porque contratar a cada ano uma nova empresa ou mesmo fazer um novo contrato, haja vista os gastos com os processos licitatórios, e também que os custos não renováveis estão incluídos nas planilhas de custos e formação de preços das empresas licitantes, e evidentemente da empresa ganhadora, deve, na prorrogação do contrato, como aponta o no item 9 do Anexo IX da Instrução Normativa 5/2017, na prorrogação de contrato esses custos não renováveis devem ser retirados e assim há uma redução no valor nos valores globais e mensais praticados a partir da prorrogação, fazendo com que a entidade pública tenha economia e possa enfrentar os efeitos orçamentários e financeiros de uma futura repactuação e reajuste.

As repactuações e reajuste possivelmente podem ocorrer dentro do primeiro ano ou nos anos subsequentes, então deve o ordenador de despesas e os setores responsáveis de acompanhamento do contrato verificar as situações e sempre acompanhar as repactuações, reajustes e, principalmente, a eliminação de custos não renováveis para, não ocorrer em gastos desnecessários e onerar o erário, mas também contribui para que a entidade pública, e logo o governo como um todo, possa diminuir, nesse sentido, a dívida pública e respeitar os preceitos da Lei de Responsabilidade Fiscal.

A relação entre as atividades de reajustamento dos contratos administrativos, o orçamento público e a Lei de Responsabilidade Fiscal, traçada e discutida nesse artigo, pode, e deve, ser aprofundado com outros estudos, nos quais sejam possíveis quantificar o montante e a importância dessas atividades na variação do orçamento, e, ainda, elencar quais as ações que os gestores devem tomar para realizar o controle das mutações dos contratos administrativos e o orçamento público dos órgãos e entidades que compõem a administração pública.

4.REFERÊNCIA

BRASIL. Lei nº 8.666, de 21 de junho de 1993. Regulamenta o art. 37, inciso XXI, da Constituição Federal, institui normas para licitações e contratos da Administração Pública e dá outras providências. Disponível em: <http://www.planalto.gov.br/ccivil_03/leis/L8666cons.htm>. Acesso em: 15 de agos. de 2017;

BRASIL. Lei Complementar nº 101, de 4 de maio de 2000. Estabelece normas de finanças públicas voltadas para a responsabilidade na gestão fiscal e dá outras providências. Disponível em: <http://www.planalto.gov.br/ccivil_03/leis/LCP/Lcp101.htm>. Acessado em: 15 de agosto de 2017;

BRASIL. Instrução Normativa nº 5, de 26 de maio de 2017. Dispõe sobre regras e diretrizes para a contratação de serviços, continuados ou não. Disponível em: <https://www.comprasgovernamentais.gov.br/index.php/legislacao/instrucoes-normativas/760-instrucao-normativa-n-05-de-25-de-maio-de-2017>. Acessado em: 15 de ago. de 2017;

BRASIL. SECRETARIA DO TESOURO NACIONAL. Disponível em: <http://www.tesouro.fazenda.gov.br/pt_PT/lei-de-responsabilidade-fiscal> Acessado em: 15 de set.. de 2017;

BRASIL. SECRETARIA DO TESOURO NACIONAL. Disponível em: <> Acessado em: 15 de set. de 2017;

ENAP. Orçamento Público: Conceitos Básicos. Diretoria de Comunicação e Pesquisa. SAIS. Brasília, DF. 2014;

FURTADO, Lucas Rocha. A Lei de Responsabilidade Fiscal e as Licitações. Revista TCU, v. 32, n. 87, Brasília, DF, jan/mar 2001.

GAROFANI, Julianne. Orçamento Público. Apostila da disciplina Orçamento e Finanças Públicas e Responsabilidade Fiscal. UNINTER, Curitiba, PR, 2017.

LIMA, D.V.; CASTRO, R. G. Contabilidade Pública. Editora Atlas. São Paulo/SP. 2003.

MEIRELLES, Hely Lopes. Direito administrativo brasileiro. Malheiros. 38ª ed. São Paulo/SP, 2012

NASCIMENTO, E. R.; DEBUS, I. Edição atualizada do Manual do Tesouro Nacional, Entendendo a Lei de Responsabilidade Fiscal. Ministério da Fazenda, Brasília, DF, 2002.

AUTORES

Bruno Hage Uchôa

Pós-Graduado em Tecnologia de gestão Pública e Responsabilidade Fiscal pela Escola Superior Aberta do Brasil, é servidor público federal da Superintendência da Zona Franca de Manaus – Suframa, no cargo efetivo de Analista Técnico-Administrativo, desempenhando atualmente a função de Coordenador de Contratos, Patrimônio e Procedimentos Licitatórios.

Carlos Alberto Muniz Pantoja

Pós-Graduado em Direito Público – Administrativo e Constitucional – e Docência do 3º. Grau, Advogado, Economista junto à Superintendência da Zona Franca de Manaus.

Rosa Cristina Ferreira Bezerra

Rosa Cristina Ferreira Bezerra Pós graduada em Administração Pública pela UNIVERSIDADE CÂNDIDO MENDES - UCAM - PROMINAS. Servidora Pública Federal na Superintendência da Zona Franca de Manaus - Suframa. Função atual : Chefe da Seção de Compras e Contratos da Coordenação-Geral de Recursos Logísticos.

Daniel de Sá Barbosa

Especialista em Direito Administrativo pela Faculdade Internacional Signorelli e Graduado em Administração de Empresas pela Universidade Nilton Lins. Atua como servidor público da Superintendência da Zona Franca de Manaus – SUFRAMA, no cargo de Administrador.

Clícia Rodrigues Simas Cruz

Especialista em MBA Recursos Humanos pela Faculdade Martha Falcão e Graduada em Administração de Recursos Humanos pela Universidade do Norte - Uninorte. Atua como servidora pública da Superintendência da Zona Franca de Manaus – SUFRAMA, no cargo de Analista Técnico Administrativo.

Kátia Nonato de Melo

Especialista em Gestão Pública, Graduada em Administração de Empresas com Habilitação em Marketing, Atua como servidor público da Superintendência da Zona Franca de Manaus – SUFRAMA, no cargo de Administradora

Gerasid Matos Castelo Branco

Graduada em ciências Econômica pela UA -Universidade Federal do Amazonas - pós graduação em Análise de Planejamento Governamental, pela Fundação Getúlio Vargas e em Análise Econômica (privada e Social) de projeto, Ministrado pela Sudam /PNUD . Analista Técnico Administrativa Suframa.

Luiz Eduardo Pinheiro Nistal

Graduado em economia pela Universidade Federal do Amazonas (UFAM), MBA em Administração Pública e Gerência de Cidades pelo Centro Universitário Internacional UNINTER, mestre em Desenvolvimento Regional pela Universidade Federal do Amazonas (UFAM). Economista da Suframa onde exerce atividade de

repactuação, reajuste e reequilíbrio econômico e financeiro dos contratos
administrativos